서울대 한국어+

Student's Book

서울대학교 언어교육원 지음

장소원 | 김수영 | 김미숙 | 백승주

1B

서울대학교출판문화원

머리말

《서울대 한국어+》는 한국어 학습자들의 효율적이고 단계적인 한국어 능력 향상을 목적으로 서울대학교 언어교육원의 오랜 교육 경험을 바탕으로 기획되었습니다. 이 시리즈는 한국어 학습자들의 한국어 표현 영역과 이해 영역의 고른 향상을 목표로 말하기, 듣기, 읽기, 쓰기 네 가지 기능을 고루 향상할 수 있도록 구성된 학습자 친화형 교재이자 학습자들의 주도적 학습을 위한 교재로 기획되었습니다.

《서울대 한국어+ Student's Book 1B》는 한국어를 처음 접하는 성인 한국어 학습자들이 약 200시간의 정규과정을 통해 친숙한 주제와 내용으로 한국어 학습의 첫 단계를 시작할 수 있게 구성하였습니다. 이 교재의 시작은 어휘 영역으로, 그림을 통해 학습자들의 이해를 돕고자 하나의 장면 안에 해당 어휘가 사용되는 상황을 제시함으로써 이를 보면서 개별 어휘의 의미를 이해하고 익힐 수 있도록 하였습니다.

기존의 교재가 문법과 표현을 전면에 제시한 것과 달리 이 교재에서는 문법을 별도의 책으로 구성하여 학습자들이 먼저 문법과 표현을 익힌 후 주교재의 활동을 통해 내재화할 수 있도록 하였습니다.

말하기 활동을 강화하여 학습자들이 익힌 어휘와 문법을 실제 상황에 유용하게 활용할 수 있도록 하였습니다. 또한 듣기와 읽기 활동은 전-본-후 단계를 거치도록 구성하였는데 실제성이 높고 유용한 담화를 활용하여 듣기와 읽기를 강화하고 학습자의 의사소통 능력을 향상하고자 하였습니다. 모든 말하기, 듣기, 읽기 내용을 교재 내 QR 코드를 활용한 음성 자료로 제시함으로써 학습자들이 쉽게 활용할 수 있도록 하였습니다.

쓰기 영역 역시 단계적으로 구성하여 학습자들이 과정 중심의 쓰기 활동을 통해 표현 능력을 향상할 수 있게 하였습니다. 또한 각 단원의 과제는 실제성을 고려하여 목표에 이르기까지 단계별 과정을 거쳐 완성도를 높였고 각 단원에서 학습한 어휘와 문법을 충분히 활용하여 익힐 수 있도록 하였습니다.

문화 영역은 그림이나 사진을 충분히 활용함으로써 초급 학습자들도 한국의 문화를 쉽게 이해할 수 있도록 하였는데 특히 실생활과 밀접한 내용을 담아 학습자들에게 유용하도록 구성하였을 뿐만 아니라 수동적인 문화 학습을 벗어나 학습자가 참여하여 이야기할 수 있도록 상호문화적인 내용도 담았습니다.

발음은 필수적인 발음만 제시하고 이와 연계하여 복습에서 정리할 수 있도록 하였고, 영어권 학습자를 위해 지시문, 새 어휘, 대화문, 문법 설명과 문화 부분을 영어로 번역하여 제시하였습니다. 마지막으로 이 책의 특징 가운데 하나는 한글 자모를 책 속 소책자(book-in-book) 형태로 제공함으로써 학습자의 편의를 도모한 것입니다.

한국어 표현 중에 옷을 입을 때에는 '첫 단추를 잘 끼워야 한다'는 말이 있습니다. 옷의 첫 단추를 잘 끼우지 않으면 옷 매무새가 흐트러지듯이 한국어를 배울 때에도 시작을 잘해야 길을 잃지 않고 손쉽게 한국어를 익힐 수 있습니다. 《서울대 한국어+》로 한국어 학습의 첫 단추를 잘 끼우시기 바랍니다.

이 책이 나오기까지 정말 많은 분들의 수고가 있었습니다. 서울대학교 국어국문학과 장소원 교수님은 《서울대 한국어+》 1~6급 교재의 개발을 위한 사전 연구부터 시작해서 전체적인 작업을 총괄해 주셨고, 1급 교재의 집필을 총괄한 김수영 교수님을 비롯해서 김미숙, 백승주 선생님은 오랜 기간 원고 집필뿐 아니라 검토와 편집 작업에 깊이 관여하며 《서울대 한국어+》의 전체적인 모습을 완성해 주셨습니다. 또 1급 교재 전권의 내용뿐 아니라 녹음 과정까지 일일이 챙겨 주신 김은애 교수님의 감수와 한재영 교수님, 최은규 교수님의 자문이 없었다면 지금과 같은 책의 완성도를 기대하기 어려웠음을 잘 알고 있습니다. 깊이 감사드립니다. 그리고 영어 번역을 맡아 주신 이소명 번역가와 번역 감수를 맡아 주신 UCLA 손선욱 교수님, 그리고 멋진 삽화 작업으로 빛나는 책을 만들어 주신 ㈜예성크리에이티브 분들께도 감사드립니다. 또 녹음을 담당해 주신 성우 김성연, 이상운 선생님과 2022년 봄학기에 미리 샘플 단원을 사용한 후 소중한 의견을 주신 1급의 강수빈, 강은숙, 민유미, 신윤희, 이수정, 조은주, 하승현, 현혜미 선생님께도 진심으로 감사의 말씀을 드립니다. 마지막으로 학술 도서와 성격이 다른 한국어 교재의 출판을 결정하고 물심양면으로 지원해 주신 서울대학교출판문화원 이준웅 원장님과, 힘든 과정을 감수하신 관계자분들께 깊이 감사드립니다.

2022년 8월
서울대학교 언어교육원 원장
이호영

Preface

SNU Korean⁺ was developed with the goal of improving Korean language skills among Korean learners in an efficient and step-by-step manner, based on the extensive educational experience of the Seoul National University Language Education Institute. This series is designed for learners and is meant to encourage proactive learning in order to help Korean learners improve their speaking, listening, reading, and writing skills, as well as their production and expression of the Korean language.

SNU Korean⁺ Student's Book 1B is intended for adult Korean learners who are new to the language to start learning Korean with familiar topics and content through a regular course of approximately 200 hours of classroom instruction. This textbook begins with a section on vocabulary that gives students the opportunity to study and pick up on the meaning of specific phrases by presenting scenarios in which visuals are used to aid in the understanding of the vocabulary.

Instead of including grammar and expressions like in the previous textbooks, a grammar explanation book was created separately so that students could initially learn grammar and expressions from this book before internalizing them through the activities in the Student's Book.

By emphasizing speaking exercises, learners can apply their newly acquired grammar and vocabulary in real-life situations. Additionally, listening and reading exercises are structured to go through the pre-mid-post stages and incorporate practical conversations to enhance reading and listening. All speaking, listening, and reading contents are presented in the textbook as audio files via QR codes so that learners can easily access them.

Writing is also divided into stages, allowing learners to improve their expressive skills through process-oriented writing activities. Furthermore, the exercises in each unit have been enhanced by using a step-by-step manner to achieve goals while considering authenticity and allowing learners to fully utilize the vocabulary and grammar they learned in each unit.

The culture section utilizes illustrations and photos so that even beginning learners can easily grasp the Korean culture. It contains content that is directly tied to real-life scenarios that are valuable for learners, as well as intercultural content that allows them to actively participate in the dialogue.

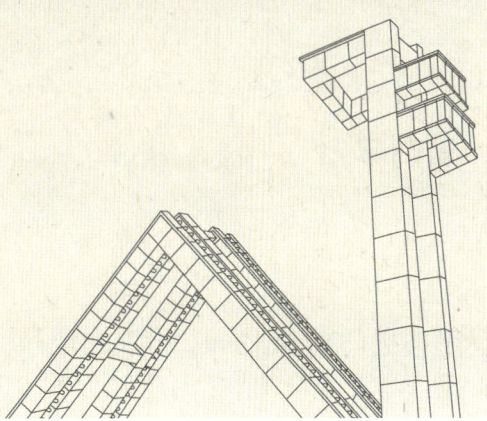

Only essential pronunciations are shown so learners can easily review them. Instructions, new vocabulary, dialogue, grammatical explanations, and cultural elements are translated and presented in English for English-speaking learners. The Korean consonants and vowels are provided in the form of a book-in-book for the convenience of learners.

According to a Korean proverb, the first button on a shirt must be buttoned properly. Similar to how you will appear sloppy if you do not correctly tighten the first button on your clothes, you should start learning Korean on the right foot so that you will quickly learn the language without getting lost. Please make sure that your first button is with **SNU Korean⁺**.

A lot of dedication went into the publication of this book. I would like to express my sincere gratitude to everyone who contributed to this project. Thank you to Seoul National University Professor Chang Sowon at the Department of Korean Language and Literature, for overseeing the entire project, beginning with the preliminary research for the development of **SNU Korean⁺** Levels 1-6, Seoul National University LEI Professor Kim Sooyoung, for editing the authoring of Level 1, and Seoul National University LEI Instructors Kim Misook and Baek Seungjoo, for writing, reviewing, and editing the manuscript to produce the overall completion of **SNU Korean⁺**. My deepest thanks to supervisor, former Seoul National University LEI Professor Kim Eun Ae, for supervising Level 1 and managing the recording process; and consultants Hanshin University Honorary Professor Han Jae Young and former Seoul National University LEI Professor Choi Eunkyu because the Level 1 textbooks could not have been developed without their help. Thanks to translator Lee Susan Somyung, translation editor UCLA Professor Sohn Sung-Ock, and the YESUNG Creative artists for the stunning illustrations. Many thanks to the voice actors Kim Seongyeon and Lee Sangun, along with Seoul National University LEI Level 1 Instructors Kang Subin, Kang Eunsook, Min Youmi, Shin Yoonhee, Lee Sujeong, Cho Eunjoo, Ha Seunghyun, and Hyun Hyemi, for providing insightful feedback after using the sample unit as a pilot in the spring semester of 2022. Lastly, a special thanks to Seoul National University Press Director June Woong Rhee for providing financial and spiritual support and deciding to publish these Korean textbooks, as well as everyone for working tirelessly on this project.

August 2022
Lee Hoyoung
Executive Director
Language Education Institute, Seoul National University

 **How to Use This Book**

《서울대 한국어+ Student's Book 1B》는 9~16단원으로 이루어져 있고 각 단원은 두 과로 구성되어 있다. 1과는 '어휘, 말하기 1·2·3, 듣기 1·2', 2과는 '어휘, 읽기 1·2, 쓰기, 과제, 문화, 발음, 자기 평가'로 이루어져 있으며 각 과는 4시간 수업용으로 구성되었다.

SNU Korean+ Student's Book 1B consists of Units 9-16. Each unit has two lessons – Lesson 1: Vocabulary, Speaking 1, 2, 3, Listening 1, 2, and Lesson 2: Vocabulary, Reading 1, 2, Writing, Task, Culture, Pronunciation, and Self-Check. Each lesson amounts to 4 hours of classwork.

단원의 주제와 관련된 그림과 질문을 보고 해당 과의 주제에 대해 생각해 볼 수 있도록 구성하였다. 질문을 이해하고 답을 생각하면서 배경지식을 활성화하고 학습 목표와 내용을 인지할 수 있다.

The book is designed so that learners can think about the topic of the lesson by looking at the pictures and questions related to the topic of the unit. By understanding the questions and thinking about the answers, learners can activate their background knowledge and recognize learning goals and subject matter.

어휘 Vocabulary

주제별로 선정된 목표 어휘를 그림과 함께 제시하여 의미를 유추할 수 있도록 구성하였다. 초급의 경우 영문 번역을 함께 제시하여 학습자의 이해를 돕고자 하였다.

The target vocabulary selected for each topic is presented with pictures so learners can infer the meaning. For the beginning levels, English translation is provided to help with learners' understanding.

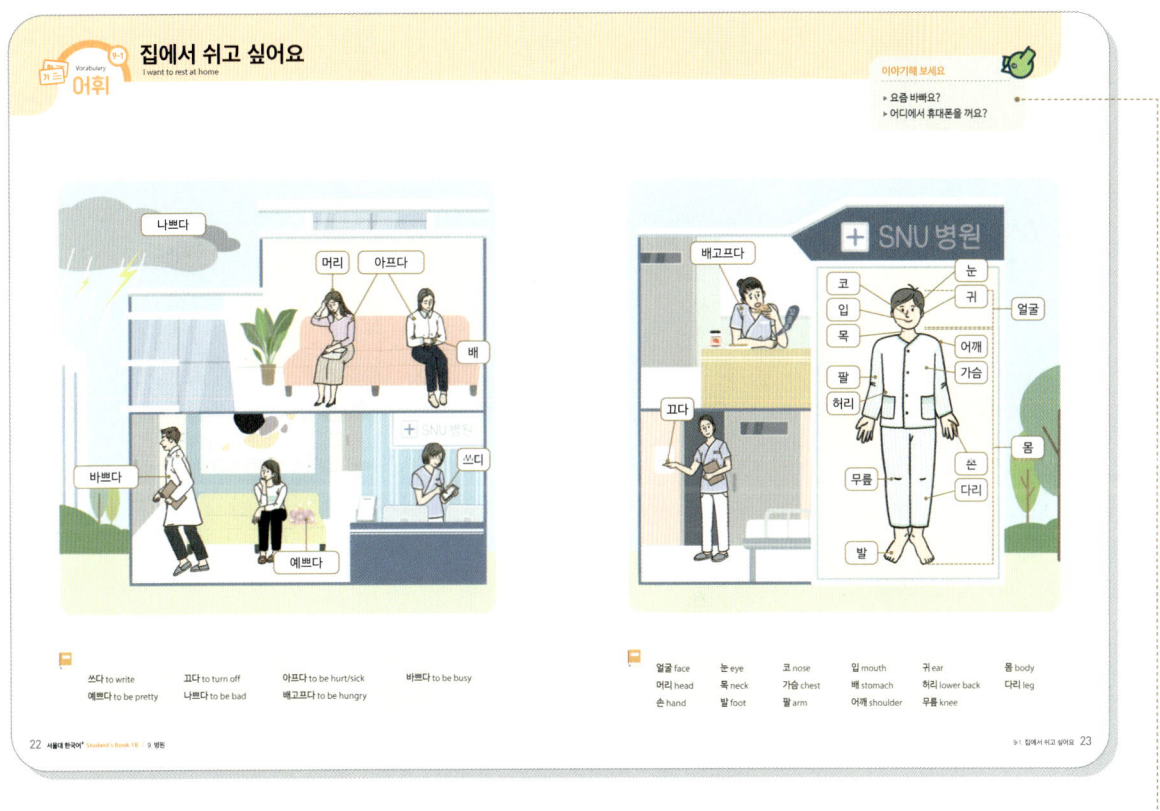

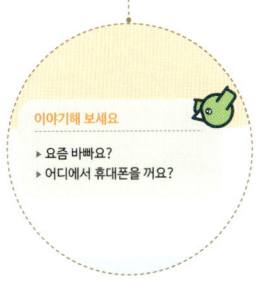

어휘를 사용하여 간단한 질문에 답을 해 보면서 어휘의 형태적, 의미적 지식을 확인하게 한다.

By using vocabulary to answer simple questions, learners can confirm their morphological and semantic knowledge of it.

말하기 Speaking

해당 과의 목표 문법과 표현 및 주제 어휘를 내재화할 수 있도록 대화문에 포함하여 제시하였다. 말하기는 1, 2, 3단계로 구성된다. 구체적으로는 목표 문법과 표현 및 주제 어휘를 포함한 대화문으로 교체 연습을 하는 '말하기 1·2'와 담화 연습인 '말하기 3'으로 이루어져 있다.

The unit's target grammar, expression, and topic vocabulary are included and presented in the dialogue for learners to internalize them. Speaking consists of 1, 2, and 3. Speaking 1 and 2 are set up as replacement practices for the target grammar and topic vocabulary, respectively, while Speaking 3 is conversational dialogue.

말하기 1·2 Speaking 1, 2

어휘와 표현을 교체하여 목표 문법과 표현을 정확하게 익히고 '말하기 3'을 준비할 수 있도록 한다.

By substituting the vocabulary and expressions, learners can accurately learn the target grammar and expressions as well as prepare for Speaking 3.

말하기 3 Speaking 3

해당 과의 주제에 대한 대화문으로 학습자가 직접 구어 담화를 구성하는 연습으로 이어지도록 하였다.

As a dialogue of the unit's topic, it helps learners practice composing oral discourse on their own.

학습자가 유의미한 담화를 구성할 수 있도록 2~3개의 상황 예시를 그림으로 제시하고 제시어를 보기로 주어 학습자가 유창하게 말할 수 있는 연습을 하도록 한다.

To help learners formulate meaningful discourse, 2-3 situational examples are presented through pictures, and keywords are provided so learners can practice speaking fluently.

발음 주의해야 할 발음을 간단히 제시하여 발음의 정확성과 유창성을 높이도록 구성하였다.

Pronunciation Simple pronunciation tips are offered to increase accuracy and fluency.

듣기 Listening

'준비', '듣기 1·2'와 '말하기' 활동으로 구성된다.
This section is composed of Warm-up, Listening 1, 2, and Speaking.

준비 Warm-up

듣기 전 단계로, 들을 내용을 예측할 수 있는 질문이나 사진, 삽화 등을 제시하여 학습자의 배경지식을 활성화한다.

As the pre-listening stage, learners' background knowledge is activated by presenting questions, photos, and illustrations that learners can predict what they will hear.

듣기 Listening

듣기 단계는 듣기 1과 2로 구성하되 난이도에 따라 제시하였고 실제적이고 다양한 종류의 듣기 자료를 제시하여 학습자의 의사소통 능력 향상에 도움을 주고자 하였다. 듣기 단계에서는 들은 내용을 확인하는 문제를 제시하여 학습자 스스로 이해도를 점검해 볼 수 있도록 하였다.

Listening 1, 2 have been presented according to the level of difficulty, and practical and various listening materials are offered to help learners improve their communication skills. There are questions for learners to answer to confirm their listening skills and level of understanding.

말하기 Speaking

듣기 후 단계에서는 듣기의 주제 및 기능과 연계된 짧은 담화를 구성하게 하여 의사소통 능력을 향상하도록 하였다.

In the post-listening stage, it helps learners improve their communication skills by having them compose short discourses related to the topic and functions of listening.

읽기 Reading

'준비', '읽기 1·2'와 '말하기' 활동으로 구성된다.
This section is composed of Warm-up, Reading 1, 2, and Speaking.

준비 Warm-up

읽기 전 단계로, 읽을 내용을 예측할 수 있는 질문이나 사진, 삽화 등을 제시하여 학습자의 배경지식을 활성화한다.

As the pre-reading stage, learners' background knowledge is activated by presenting questions, photos, and illustrations that learners can predict what they will read.

읽기 Reading

읽기 단계는 목표 문법과 표현이 포함된 읽기 1과 2로 구성하되 난이도에 따라 제시하였다. 또한 학습자의 수준에 맞는 실제적이고 다양한 종류의 텍스트를 제시한다. 또한 읽은 내용을 확인하는 문제를 제시하여 학습자 스스로 이해도를 점검해 볼 수 있도록 하였다.

Reading 1, 2 include the target grammar and expressions that have been presented according to the level of difficulty. In addition, practical and diverse types of texts appropriate for learners' level are shown. There are questions so learners can confirm the content of what they read and check their own level of understanding.

말하기 Speaking

읽기 후 단계로, 읽기의 주제 및 기능과 연계된 담화를 구성해 보게 하였다. 또한 말하기 활동은 쓰기의 개요 구성으로 연결되어 쓰기와의 연계성을 높였다.

As the post-reading stage, learners will be able to speak about the topic and function of reading. Furthermore, speaking activities are connected to writing to increase their association.

문법과 표현 Grammar & Expression

학습자들이 문법과 표현을 참고할 수 있도록 별도로 구성된 책의 해당 페이지를 표시하였다.

For learners to refer to the grammar and expressions, the corresponding pages of the separately composed grammar explanation book are marked.

쓰기 Writing

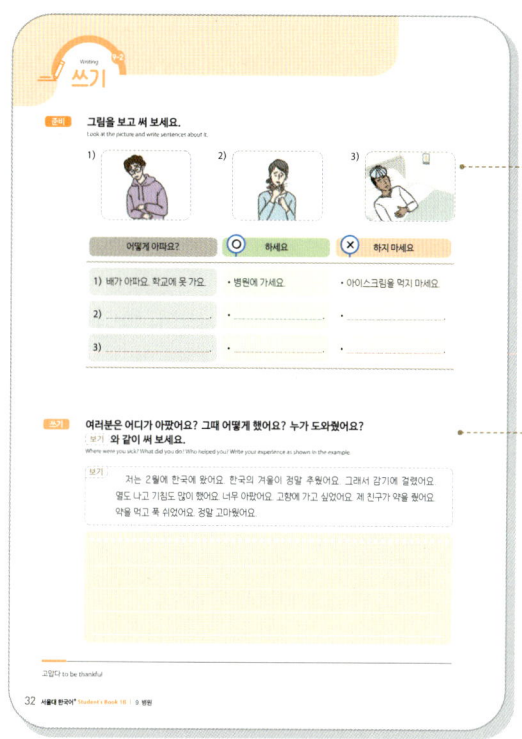

'준비'와 '쓰기' 활동으로 구성된다.

This section is composed of Warm-up and Writing.

준비 Warm-up

쓰기 전 단계로, 실제 쓸 내용에 대한 개요를 작성해 보거나 쓸 내용을 구성할 수 있도록 생각을 여는 질문을 제시한다.

As the pre-writing stage, questions are presented so learners can write an outline or summary before the actual writing tasks.

쓰기 Writing

준비 단계에서 작성한 개요를 바탕으로 과정 중심 글쓰기 활동이 이루어지도록 구성하였다. 읽기 텍스트와 유사한 종류의 글을 쓰도록 구성하여 학습자들의 담화 쓰기 능력을 향상하고자 하였다.

Based on the outline written in Warm-up, process-oriented writing activities are carried out. It is intended to improve learners' discourse writing ability by composing similar types to that of the reading text.

과제 Task

3~4단계의 문제 해결형 과제로 구성된다. 학습자 간의 상호 작용을 통해 해당 단원에서 학습한 주제 어휘와 목표 문법을 내재화하고 언어 사용의 유창성을 키운다.

This section is composed of 3-4 problem-solving tasks. Through interactions among classmates, learners can internalize the topic vocabulary and target grammar learned in the unit and increase their fluency in the language.

문화 Culture

단원의 주제와 관련 있는 한국 문화 내용을 그림이나 사진과 함께 간단한 텍스트로 제시하여 한국 문화에 대한 이해를 넓힐 수 있게 구성하였고 상호 문화적인 접근이 가능하도록 하였다.

The content of the Korean culture related to the topic of the unit is presented in simple text along with illustrations or pictures so that learners can broaden their understanding of the Korean culture. Furthermore, cross-cultural approaches are made possible.

발음 및 자기 평가 Pronunciation and Self-Check

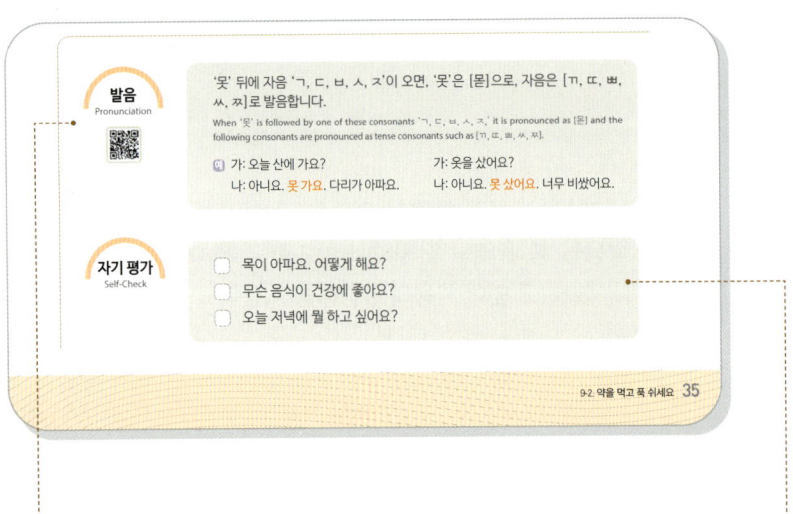

발음 Pronunciation

단원의 '말하기 3'과 관련 있는 음운 현상을 확인하고 대화 상황에서 연습하게 하였다.

Learners will verify the unit's Speaking 3 related phonological phenomenon and practice in a conversational situation.

자기 평가 Self-Check

단원에서 학습한 어휘와 문법을 사용하여 질문에 답함으로써 학습 목표를 달성하였는지를 학습자 스스로 확인해 보도록 구성하였다.

By answering questions using the vocabulary and grammar learned in the unit, learners can check whether or not the learning goal has been achieved.

차례 Table of Contents

머리말 Preface	• 2
일러두기 How to Use This Book	• 6
교재 구성표 Scope and Sequence	• 14
등장인물 Characters	• 18

1B

9단원 병원 Hospital
- 9-1. 집에서 쉬고 싶어요 · 22
  I want to rest at home
- 9-2. 약을 먹고 푹 쉬세요 · 28
  Take medicine and rest up

10단원 한국 생활 Korean Life
- 10-1. 저는 한국 문화를 좋아합니다 · 38
  I like Korean culture
- 10-2. 저는 작년 가을에 한국에 왔습니다 · 44
  I came to Korea last fall

11단원 교통 Transportation
- 11-1. 방학에 부산에 가려고 해요 · 54
  I'm planning on going to Busan during break
- 11-2. 서울역에서 여기까지 10분쯤 걸립니다 · 60
  It takes about 10 minutes from Seoul Station to here

12단원 전화 Telephone
- 12-1. 요즘 잘 지내지요? · 70
  How are you doing these days?
- 12-2. 약속이 있어서 못 갔어요 · 76
  I couldn't go because I had plans

13단원 옷과 외모 Clothes & Appearances
- 13-1. 싸고 예쁜 옷이 많아요 · 86
  There are lots of inexpensive and pretty clothes
- 13-2. 긴 바지를 자주 입어요 · 92
  I wear long pants often

14단원 초대와 약속 Invitation & Plans
- 14-1. 우리 집에 축구 보러 오세요 · 102
  Come to my house to watch soccer
- 14-2. 주스를 마시면서 기다리고 있어요 · 108
  I'm waiting while having juice

15단원 가족 Family
- 15-1. 아버지는 산에 자주 가세요 · 118
  My father goes to the mountains often
- 15-2. 부모님이 한국에 오실 거예요 · 124
  My parents are coming to Korea

16단원 여행 Travel
- 16-1. 여기에서 사진을 좀 찍어 주세요 · 134
  Can you take a picture of me here?
- 16-2. 시간이 있으면 여기에 꼭 가 보세요 · 140
  If you have time, be sure to go here

부록 Appendix · 149

교재 구성표 Scope and Sequence

단원 제목 Unit Title		어휘 Vocabulary	기능별 활동 Skills
9. 병원 Hospital	9-1. 집에서 쉬고 싶어요 I want to rest at home	형용사 ③ Adjective ③	**말하기 Speaking** • 증상에 대해 묻고 답하기 　Symptoms Q&A
	9-2. 약을 먹고 푹 쉬세요 Take medicine and rest up	건강과 증상 Health and symptoms	**읽기 Reading** • 영화 소개 글 읽기 　Movie review • 아팠던 경험에 대한 이야기 읽기 　Passage about when someone was sick
10. 한국 생활 Korean Life	10-1. 저는 한국 문화를 좋아합니다 I like Korean culture	동사 ④, 부사 ②, 시간 ① Verb ④, Adverb ②, Time ①	**말하기 Speaking** • 격식적인 상황에서 자기소개하기 　Introducing yourself in a formal situation • 한국 생활에 대해 발표하기 　Presenting your life in Korea
	10-2. 저는 작년 가을에 한국에 왔습니다 I came to Korea last fall	학교생활, 시간 ② School life, Time ②	**읽기 Reading** • 한국 생활에 대한 블로그 글 읽기 　Blog about life in Korea • 한국 생활에 대한 발표 글 읽기 　Presentation about life in Korea
11. 교통 Transportation	11-1. 방학에 부산에 가려고 해요 I'm planning on going to Busan during break	교통 ① Transportation ①	**말하기 Speaking** • 방학 계획 묻고 답하기 　Plans during break Q&A • 목적지에 가는 방법에 대해 묻고 답하기 　How to get to your destination Q&A
	11-2. 서울역에서 여기까지 10분쯤 걸립니다 It takes about 10 minutes from Seoul Station to here	교통 ② Transportation ②	**읽기 Reading** • 전시회 안내 글 읽기 　Exhibition guide • 여행 계획에 대한 글 읽기 　Passage about travel plans
12. 전화 Telephone	12-1. 요즘 잘 지내지요? How are you doing these days?	전화 ① Telephone ①	**말하기 Speaking** • 전화하기 　Making a phone call
	12-2. 약속이 있어서 못 갔어요 I couldn't go because I had plans	전화 ② Telephone ②	**읽기 Reading** • 전화를 못 받은 이유에 대한 대화 메시지 읽기 　Conversational message about why someone couldn't pick up the phone • 이야기 읽기 　Passage about someone's background

기능별 활동 Skills	문법과 표현 Grammar & Expression	과제 Task	문화 Culture	발음 Pronunciation
듣기 Listening • 병원에서의 대화 듣기 Conversation in the hospital • 증상에 대한 대화 듣기 Conversation about symptoms **쓰기 Writing** • 아팠던 경험 쓰기 A time when you were sick	• '―' 탈락 • 동-고 싶다 • 동-(으)세요 • 동-지 마세요	상황 카드를 보고 의사, 환자 역할극하기 Looking at the situational card and role-playing as a doctor and patient	처방전과 약 Prescription and medicine	경음화 3 Glottalization 3
듣기 Listening • 인터뷰 대화 듣기 Interview conversations • 뉴스 듣기 News **쓰기 Writing** • 한국 생활에 대한 발표문 쓰기 Presentation about life in Korea	• 명입니다 명입니까? • 동형-ㅂ/습니다 동형-ㅂ/습니까? • 동형-았습니다/었습니다 동형-았습니까/었습니까? • 동-(으)ㄹ 겁니다 동-(으)ㄹ 겁니까?	인터뷰하고 발표하기 Doing an interview and presenting it	대학 생활(축제) University life (festivals)	비음화 1 Nasalization 1
듣기 Listening • 목적지에 오는 방법에 대한 대화 듣기 Conversation about coming to a destination • 교통편에 대해 묻고 답하는 대화 듣기 Transportation Q&A **쓰기 Writing** • 여행 계획 쓰기 Travel plans	• 명(으)로 • 동-(으)려고 하다 • 명에서 명까지 • 동-아야/어야 되다	이야기 만들기 Create stories	스마트 정류장 Smart bus shelters	'역'의 발음 Pronunciation of '역'
듣기 Listening • 전화번호 듣기 Phone numbers • 전화 대화 듣기 Phone conversations **쓰기 Writing** • 메시지 읽고 답장 쓰기 Read and reply to text messages	• 동형-지요? • 동형-지만 • 동형-아서/어서 • 명(이)라서	상황 카드로 전화하기 Making a phone call using the situational card scenario	유용한 전화번호 Useful telephone numbers	경음화 4 Glottalization 4

단원 제목 Unit Title		어휘 Vocabulary	기능별 활동 Skills
13. 옷과 외모 Clothes & Appearances	13-1. 싸고 예쁜 옷이 많아요 There are lots of inexpensive and pretty clothes	형용사 ④ Adjective ④	**말하기 Speaking** • 물건과 사람의 외형에 대해 묻고 답하기 Items and people's appearances Q&A

	13-2.
	긴 바지를 자주 입어요
	I wear long pants often
		의복
		Apparel
			읽기 Reading
			• 전시회 초대장 읽기
			  Exhibition invitation
			• 잡지 읽기
			  Magazine article

14. 초대와 약속 Invitation & Plans	14-1. 우리 집에 축구 보러 오세요 Come to my house to watch soccer	초대와 약속 ① Invitation and plans ①	**말하기 Speaking** • 초대하기 Inviting people

	14-2.
	주스를 마시면서 기다리고 있어요
	I'm waiting while having juice
		초대와 약속 ②
		Invitation and plans ②
			읽기 Reading
			• 파티에 대한 대화 메시지 읽기
			  Conversational message about a party
			• 파티에서 한 일에 대한 이야기 읽기
			  Story about the things someone did at a party

15. 가족 Family	15-1. 아버지는 산에 자주 가세요 My father goes to the mountains often	가족 ① Family ①	**말하기 Speaking** • 가족 소개하기 Introducing your family
	15-2. 부모님이 한국에 오실 거예요 My parents are coming to Korea	가족 ② Family ②	**읽기 Reading** • 가족 소개 글 읽기 Passage about family introduction

16. 여행
Travel
	16-1.
	여기에서 사진을 좀 찍어 주세요
	Can you take a picture of me here?
		여행 ①
		Travel ①
			말하기 Speaking
			• 호텔에서 묻고 답하기
			  Hotels Q&A
			• 여행지에 대해 묻고 답하기
			  Travel Destination Q&A

	16-2.
	시간이 있으면 여기에 꼭 가 보세요
	If you have time, be sure to go here
		여행 ②
		Travel ②
			읽기 Reading
			• 여행지 소개하는 메일 읽기
			  Email about travel destination
			• 여행안내 사이트 읽기
			  Travel guide site

기능별 활동 Skills	문법과 표현 Grammar & Expression	과제 Task	문화 Culture	발음 Pronunciation
듣기 Listening • 외형 묘사에 대한 대화 듣기 Conversation about describing appearances • 사진에 대한 소개 듣기 Introduction to a photo **쓰기 Writing** • 입고 싶은 옷에 대해 쓰기 Clothing you want to wear	• 동형-네요 • 형-(으)ㄴ 명 • 'ㄹ' 탈락 • 동-는 명	반 친구들 인터뷰하기 interviewing classmates	쇼핑 장소 Shopping location	비음화 2 Nasalization 2
듣기 Listening • 초대에 대한 대화 듣기 Conversation about an invitation • 라디오 방송 듣기 Radio show **쓰기 Writing** • 파티 이야기 쓰기 Passage about a party	• 동-(으)러 가다/오다 • 동-(으)ㄹ 수 있다/ 없다 • 동-고 있다 • 동-(으)면서	파티 계획하고 포스터 만들기 Planning a party and designing a flyer	선물하는 것과 하면 안 되는 것 Things you can and cannot give as gifts	경음화 5 Glottalization 5
듣기 Listening • 가족에 대한 대화 듣기 Conversation about family • 가족 이야기를 하는 방송 프로그램 듣기 Radio show talking about families **쓰기 Writing** • 가족 소개 쓰기 Passage about your family	• 동형-(으)세요 명(이)세요 • 명한테/께 • 동형-(으)셨어요 동-(으)실 거예요 • 'ㄷ' 불규칙	미래의 가족 소개하기 Introducing your future family	어른들께 두 손으로 물건 드리는 문화 Using both hands when giving objects to elders	비음화 3 Nasalization 3
듣기 Listening • 여행지 묘사에 대한 대화 듣기 Conversation describing a travel destination • 여행 계획 듣기 Travel plans **쓰기 Writing** • 여행 계획 쓰기 Travel plans	• 동-아/어 주세요 • 동-아서/어서 • 동형-(으)면 • 동-아/어 보세요	고향에서 유명한 곳 소개하기 Introducing famous places in your hometown	한옥 스테이, 템플 스테이 Hanok stay, Temple stay	유기음화 Aspiration

닛쿤 — 태국, 연예인 연습생
이유진 — 한국, 회사원
하이 — 베트남, 회사원
아야나 — 말레이시아, 작가
안나 — 러시아, 화가
다니엘 — 미국, 대학원생
에릭 — 프랑스, 운동선수
자밀라 — 우즈베키스탄, 모델

9

병원 Hospital

- **9-1** 집에서 쉬고 싶어요
- **9-2** 약을 먹고 푹 쉬세요

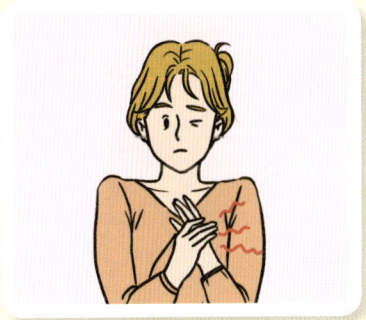  

1. 이 사람은 어디에 갔어요?
2. 친구가 아파요. 어떻게 해요?

Vocabulary
어휘 9-1

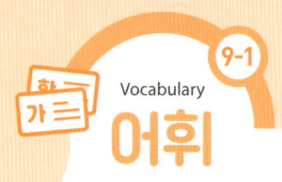

집에서 쉬고 싶어요

I want to rest at home

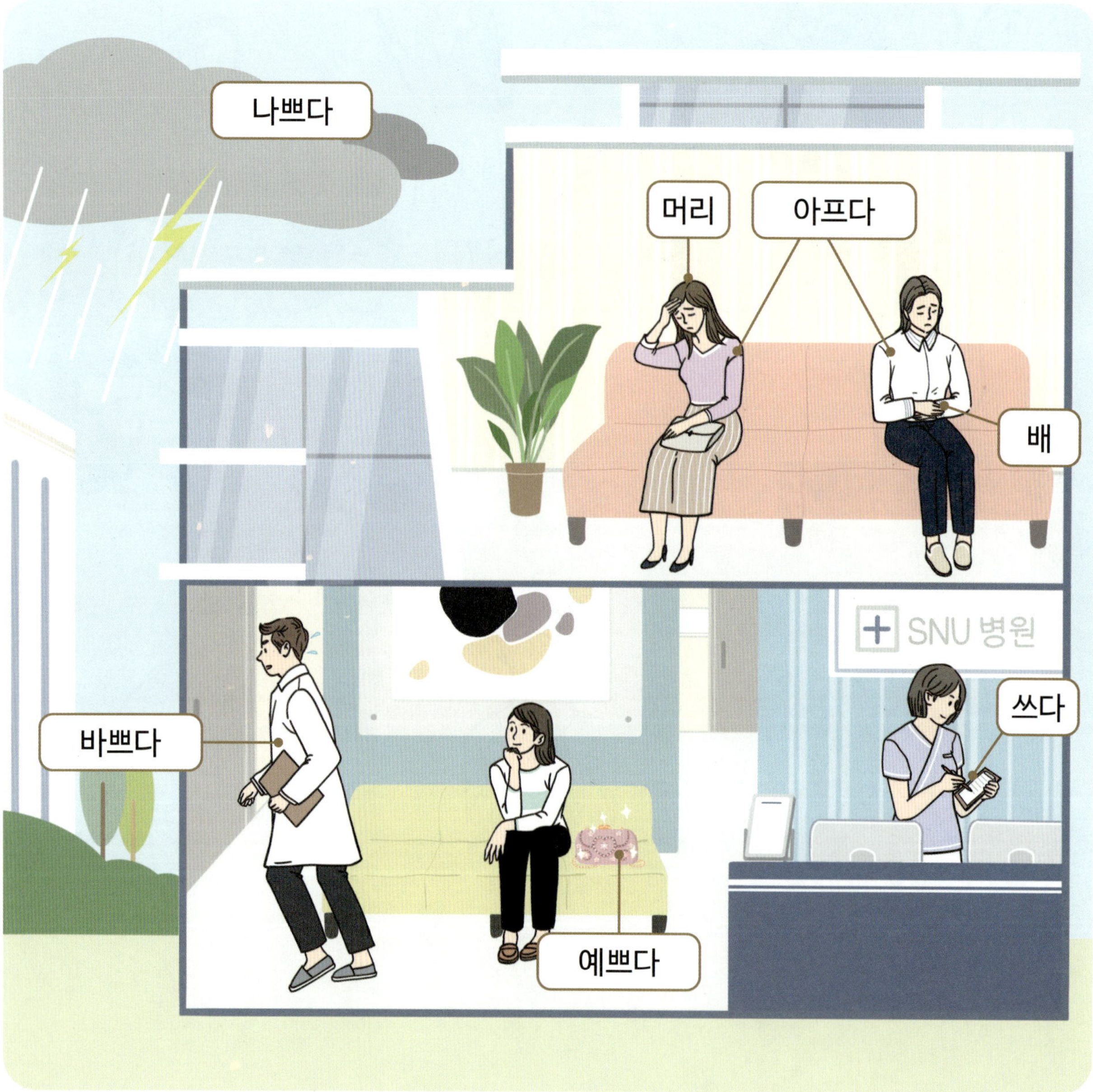

쓰다 to write
예쁘다 to be pretty
끄다 to turn off
나쁘다 to be bad
아프다 to be hurt/sick
배고프다 to be hungry
바쁘다 to be busy

이야기해 보세요

- 요즘 바빠요?
- 어디에서 휴대폰을 꺼요?

얼굴 face	눈 eye	코 nose	입 mouth	귀 ear	몸 body
머리 head	목 neck	가슴 chest	배 stomach	허리 lower back	다리 leg
손 hand	발 foot	팔 arm	어깨 shoulder	무릎 knee	

9-1. 집에서 쉬고 싶어요 23

말하기 1 친구와 연습해 보세요.
Practice with your partner.

가: 에릭 씨, 다리가 아파요?
나: 네. 다리가 좀 아파요.
가: 병원에 갔어요?
나: 아니요. 오늘 갈 거예요.

1)  지금

2)  내일

3)  저녁

말하기 2 친구와 연습해 보세요.
Practice with your partner.

가: 하이 씨, 오늘 수업 끝나고 같이 숙제할까요?
나: 미안해요. 오늘은 집에서 쉬고 싶어요. 배가 아파요.
가: 언제부터 아팠어요?
나: 오늘 아침부터요.

1) 집에 일찍 가다 / 팔 / 어제

2) 집에서 좀 자다 / 머리 / 어제저녁

3) 숙제 안 하고 쉬다 / 어깨 / 아까

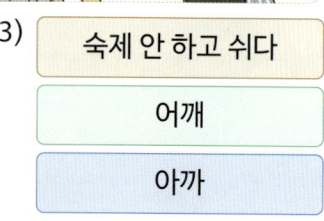

문법과 표현: 'ㅡ' 탈락 → 4쪽
동-고 싶다 → 5쪽

미안하다 to be sorry   어제저녁 yesterday evening   아까 a minute (moment) ago

말하기 3 친구와 이야기해 보세요.
Talk with your partner.

제 니: 다니엘 씨, 오늘 학교에 왜 안 와요?
다니엘: 어젯밤부터 배가 많이 아파요. 그래서 학교에 못 가요.
제 니: 병원에 갔어요?
다니엘: 아니요. 빨리 병원에 가고 싶어요. 하지만 혼자 못 가요.
제 니: 그럼 저하고 같이 갈까요?
다니엘: 네. 정말 고마워요.

> **발음**
> • 어젯밤부터 [어젣빰부터]
> • 못 가요 [몯까요]

1)
다리, 아프다

2)

3)

왜 why

준비 어디가 아파요?
Where does it hurt?

머리가 아파요.
집에서 쉬고 싶어요.

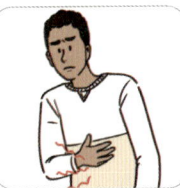

듣기 1 여기는 병원입니다. 잘 듣고 내용에 맞는 그림의 번호를 쓰세요.
This is a hospital. Listen carefully and write the number on the picture that describes the situation.

1) (　　)

2) (　　)

3) (　　)

4) (　　)

> 병원, 은행, 우체국에서
> 방문 이유를 물을 때
> When you're asked why you're at the hospital, bank, or post office
>
> 어떻게 오셨어요?
> What brings you here?

건강을 위해서 뭘 자주 해요?
What do you often do for your health?

아직 still

준비 **지금 뭘 하고 싶어요?**
What do you want to do now?

듣기 2 **테오와 나나의 대화입니다. 잘 듣고 질문에 대답하세요.**
This is a conversation between Theo and Nana. Listen carefully and answer the questions.

1   여자는 어디가 아파요?

   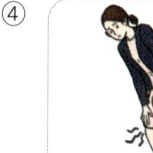

2   맞는 것을 고르세요.

① 남자는 집에서 쉬고 싶어 해요.
② 여자는 남자하고 병원에 갔어요.
③ 두 사람은 다음 주에 만날 거예요.

요즘 스트레스가 많아요. 뭘 하고 싶어요?
You're stressed out these days. What do you want to do?

Vocabulary 9-2
어휘

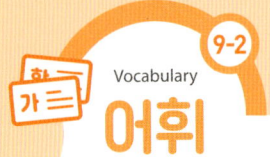

약을 먹고 푹 쉬세요

Take medicine and rest up

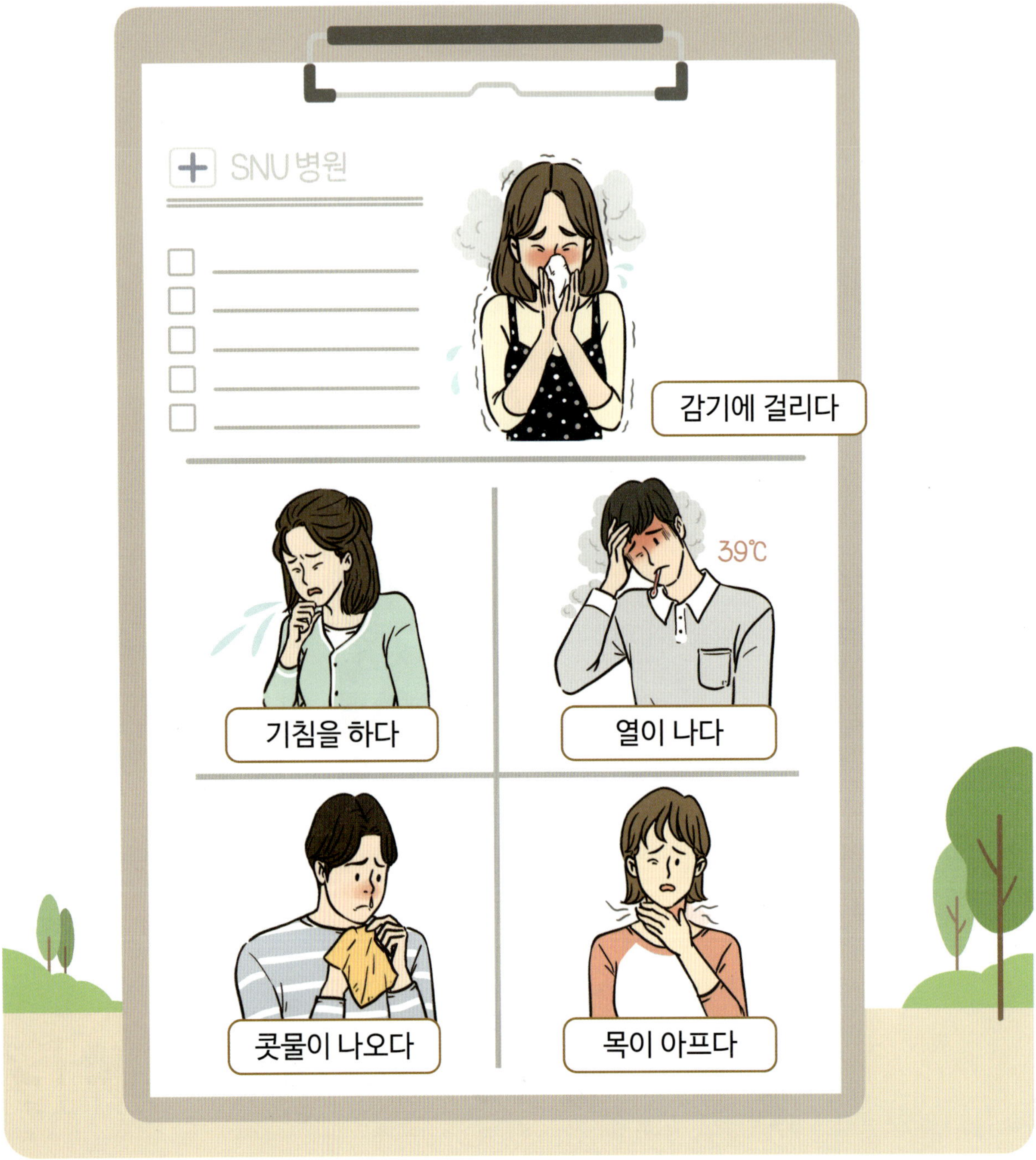

감기에 걸리다 to catch a cold | 기침을 하다 to cough | 열이 나다 to have a fever
콧물이 나오다 to have a runny nose | 목이 아프다 to have a sore throat

이야기해 보세요

▶ 감기에 걸렸어요. 어디가 아파요?
▶ 무슨 음식이 건강에 좋아요?

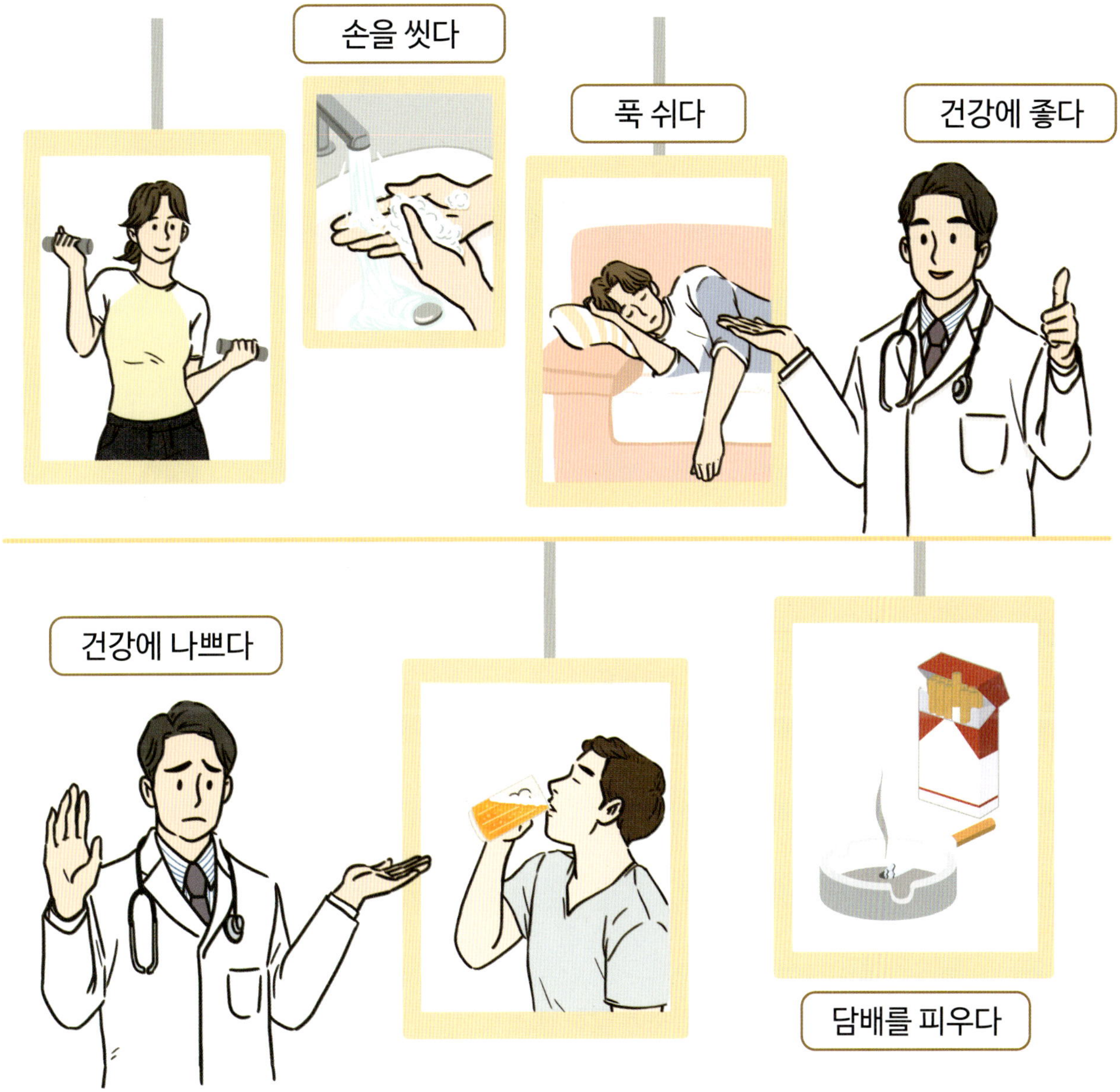

손을 씻다

푹 쉬다

건강에 좋다

건강에 나쁘다

담배를 피우다

건강에 좋다 to be good for health   건강에 나쁘다 to be bad for health   손을 씻다 to wash one's hands
푹 쉬다 to rest up   담배를 피우다 to smoke

준비 감기에 걸렸어요. 여러분 나라에서는 어떻게 해요?
If you have caught a cold, what do you do in your country?

읽기 1 영화 소개입니다. 잘 읽고 맞으면 ○, 틀리면 × 하세요.
This is a movie review. Read carefully and write ○ for true and × for false.

★★★★☆

　이 강아지는 집이 없어요. 눈도 아프고 다리도 다쳤어요. 하지만 병원에 못 갔어요. 이 여자는 약국 앞에서 강아지를 처음 봤어요. 강아지의 목에 이름표가 있었어요. 강아지 이름은 '마리'예요. 여자의 이름도 '마리'예요.

　이 영화를 더 알고 싶어요? 그럼 이 영화를 **보세요**.

↳ 이 영화가 정말 슬퍼요. **보지 마세요.**
↳ 아니에요. 재미있어요! 꼭 **보세요!**

1) 영화의 여자는 다리가 아팠어요. 　　　　　(　　)
2) 영화의 여자하고 강아지는 이름이 같아요. 　(　　)

읽기 2 제니의 이야기입니다. 잘 읽고 질문에 답하세요.
This is a passage about Jenny. Read carefully and answer the questions.

　지난주에 저는 감기에 걸렸어요. 콧물도 나오고 목도 아팠어요. 그래서 학교에 못 가고 집에 있었어요. 가족이 정말 보고 싶었어요.
　제 룸메이트 나나 씨가 전통차를 줬어요. "제니 씨, 많이 아파요? 이 차가 감기에 좋아요. 많이 **드세요**." 차를 마시고 집에서 푹 쉬었어요. 그래서 지금은 안 아파요.

나나 씨, 고마워요.

1 제니는 어디가 아팠어요? 모두 고르세요.

2 맞는 것을 고르세요.

① 제니는 가족을 만났어요.
② 제니는 약을 먹고 쉬었어요.
③ 제니는 지난주에 많이 아팠어요.

여러분은 한국에서 병원에 갔어요? 어디가 아팠어요? 어떻게 했어요?
Have you been to a hospital in Korea? Where were you sick? What did you do?

> 저는 다리가 많이 아팠어요.
> 병원에 가고 싶었어요.
> 하지만 저는 한국어를 아직 잘 못해요.
> 그래서 한국 친구하고 같이 병원에 갔어요.
> 친구가 저를 많이 도와줬어요.

| 문법과 표현 | 동-(으)세요 | ☞ | 6쪽 |
| | 동-지 마세요 | ☞ | 7쪽 |

다치다 to be injured   처음 first   이름표 name tag   더 more   꼭 be sure to   같다 to be the same   전통 tradition
주다 to give   약 medicine   도와주다 to help

Writing 쓰기 9-2

준비 그림을 보고 써 보세요.
Look at the picture and write sentences about it.

어떻게 아파요?	⭕ 하세요	❌ 하지 마세요
1) 배가 아파요. 학교에 못 가요.	• 병원에 가세요.	• 아이스크림을 먹지 마세요.
2) _____.	• _____.	• _____.
3) _____.	• _____.	• _____.

쓰기 여러분은 어디가 아팠어요? 그때 어떻게 했어요? 누가 도와줬어요?
보기 와 같이 써 보세요.
Where were you sick? What did you do? Who helped you? Write your experience as shown in the example.

> **보기**
> 저는 2월에 한국에 왔어요. 한국의 겨울이 정말 추웠어요. 그래서 감기에 걸렸어요. 열도 나고 기침도 많이 했어요. 너무 아팠어요. 고향에 가고 싶었어요. 제 친구가 약을 줬어요. 약을 먹고 푹 쉬었어요. 정말 고마웠어요.

고맙다 to be thankful

Task
과제

 의사와 환자가 되어 대화해 보세요.
Role-play as doctor and patient with your partner.

활동지 150쪽

1 알맞은 것을 연결하세요.
Draw a line to match the dialogues.

"감기에 걸렸어요. 목이 아프고 콧물이 나와요."   "눈이 아파요. 그리고 눈이 항상 피곤해요."   "요즘 밤에 잘 못 자요."

밤에 휴대폰을 보지 마세요. 컴퓨터를 많이 하지 마세요.   커피를 많이 마시지 마세요. 그리고 운동을 하세요.   집에서 푹 쉬세요. 그리고 물을 많이 드세요.

2 카드를 뽑으세요.
Pick a card.

3 여기는 병원입니다. 의사와 환자가 되어 대화해 보세요.
This is a hospital. Role-play as doctor and patient with your partner.

- 어떻게 오셨어요?
- 배가 아파요.
- 언제부터 아팠어요?
- 오늘 아침부터 아팠어요.
- 어제 뭘 먹었어요?
- 아이스크림을 많이 먹었어요. 그리고 커피도 많이 마셨어요.
- 이 약을 드세요. 그리고 푹 쉬세요. 커피를 마시지 마세요.
- 네. 감사합니다.

약국에서 약을 사요.

병원에서 처방전을 받고 약국에서 약을 사요.

하루에 세 번 드세요.
밥을 먹고 드세요.
아침, 점심, 저녁에 드세요.

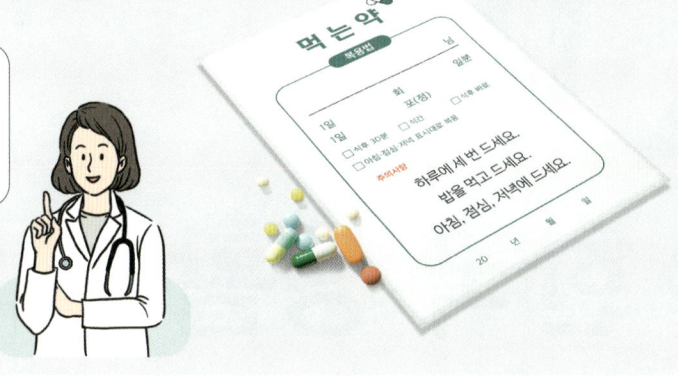

처방전이 없어도 약국이나 편의점에서 살 수 있는 약이 있어요.

약국

편의점

발음 Pronunciation

'못' 뒤에 자음 'ㄱ, ㄷ, ㅂ, ㅅ, ㅈ'이 오면, '못'은 [몯]으로, 자음은 [ㄲ, ㄸ, ㅃ, ㅆ, ㅉ]로 발음합니다.

When '못' is followed by one of these consonants 'ㄱ, ㄷ, ㅂ, ㅅ, ㅈ,' it is pronounced as [몯] and the following consonants are pronounced as tense consonants such as [ㄲ, ㄸ, ㅃ, ㅆ, ㅉ].

예) 가: 오늘 산에 가요? 　　　　　가: 옷을 샀어요?
    나: 아니요. 못 가요. 다리가 아파요.　나: 아니요. 못 샀어요. 너무 비쌌어요.

자기 평가 Self-Check

☐ 목이 아파요. 어떻게 해요?
☐ 무슨 음식이 건강에 좋아요?
☐ 오늘 저녁에 뭘 하고 싶어요?

10 한국 생활
Korean Life

- **10-1** 저는 한국 문화를 좋아합니다
- **10-2** 저는 작년 가을에 한국에 왔습니다

1 이 사람은 지금 뭐 해요?
2 언제 한국 뉴스를 봐요?

10-1 Vocabulary **어휘**

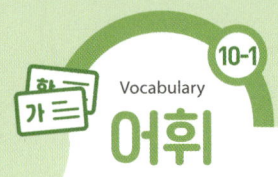

저는 한국 문화를 좋아합니다

I like Korean culture

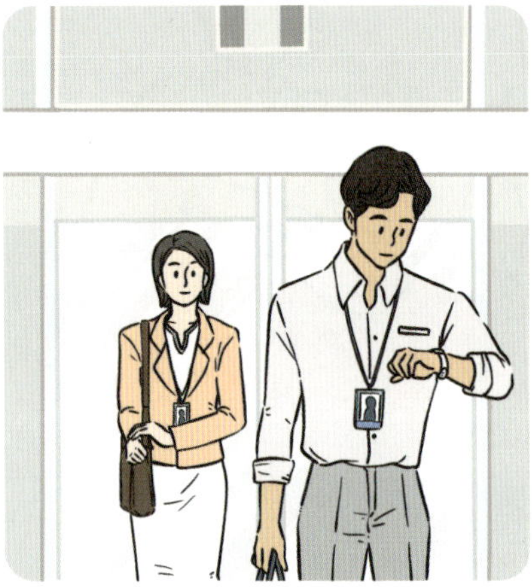

회사에 다니다

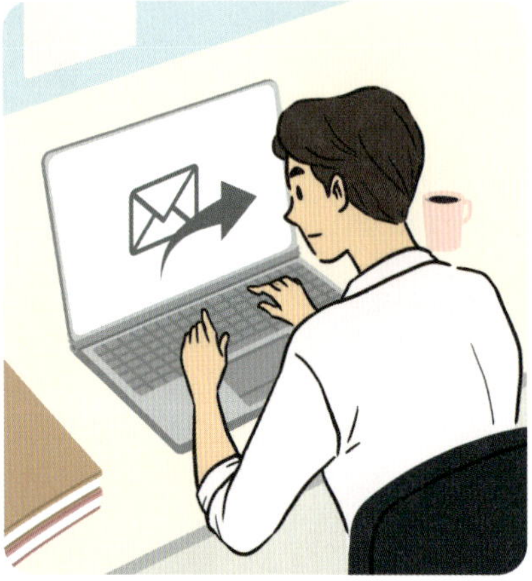

메일을 보내다

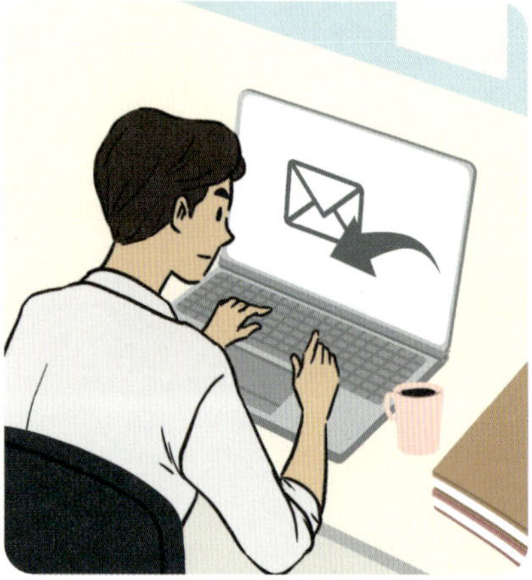

메일을 받다

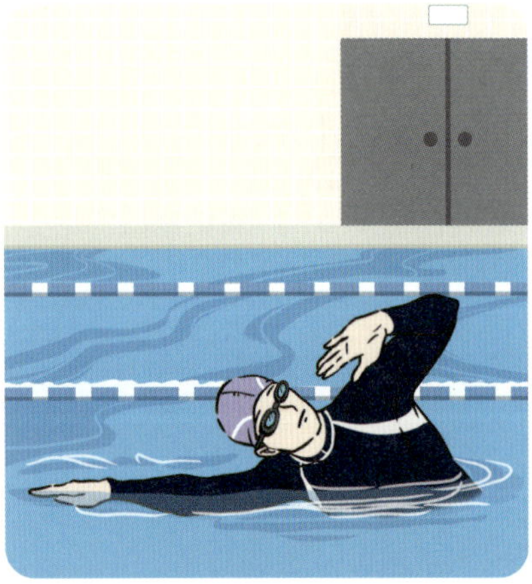

잘하다

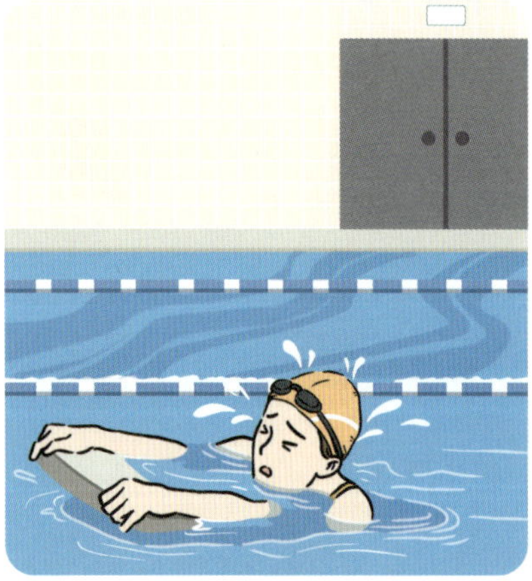

못하다

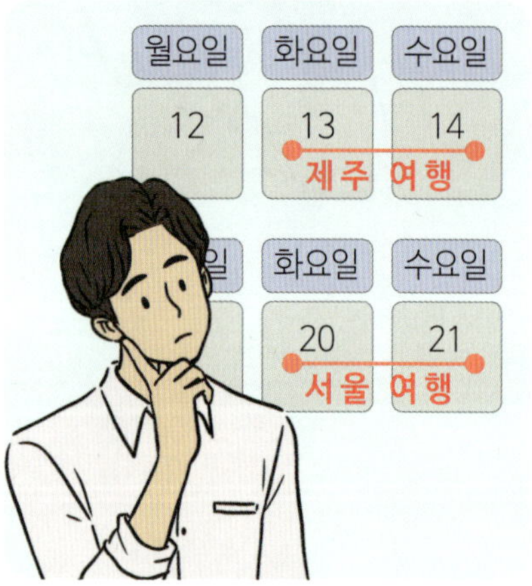

계획

회사에 다니다 to work at a company
메일을 보내다 to send an email
메일을 받다 to receive an email
잘하다 to be good at
못하다 to be bad at
계획 plan

이야기해 보세요

▶ 무슨 운동을 잘해요?
▶ 무슨 음식을 제일 좋아해요?

오전 am   오후 pm   열심히 diligently   잘 well   제일 most

Speaking 말하기 10-1

말하기 1 친구와 연습해 보세요.
Practice with your partner.

여러분, 안녕하십니까?
저는 에릭입니다. 저는 프랑스 사람입니다.
저는 지금 대학원에 다닙니다. 만나서 반갑습니다.

1) 하이 / 베트남 사람 / 회사, 일하다

2) 제니 / 미국 사람 / 언어교육원, 한국어를 배우다

3) 소날 / 인도 사람 / 컴퓨터 회사, 다니다

말하기 2 친구와 연습해 보세요.
Practice with your partner.

가: 안녕하세요? 저는 수영 선수 정해원입니다.
나: 하루에 수영 연습을 보통 몇 시간 합니까?
가: 매일 여덟 시간쯤 합니다.
나: 주말에도 수영장에 갑니까?
가: 네. 매일 연습을 합니다.

1)  4시간

2)  3시간

3)  6시간

문법과 표현	
명입니다, 명입니까?	8쪽
동형-ㅂ/습니다, 동형-ㅂ/습니까?	9쪽

대학원 grad(uate) school   언어교육원 Language Education Institute   하루 day   연습 practice   시간 hour(s)

말하기 3 　친구와 이야기해 보세요.
Talk with your partner.

테오: 안녕하십니까? 저는 테오입니다. 브라질 사람입니다.
　　　제 여자 친구는 한국 사람입니다. 그래서 저는 한국어를 공부합니다.
　　　한국어를 아직 잘 못합니다. 하지만 한국어 공부가 재미있습니다.
　　　한국어 수업이 끝나고 친구들과 학생 식당에서 밥을 먹습니다.
　　　그리고 공원에서 산책도 합니다.
　　　한국 생활이 정말 좋습니다.

발음
- 안녕하십니까 [안녕하심니까]
- 공부합니다 [공부함니다]

1)

안나, 러시아 사람
한국 문화를 좋아하다
평일 오후에 친구들과 테니스를 치다
한국 생활이 재미있다

2)

듣기 (Listening) 10-1

준비 자기소개할 때 무슨 말을 합니까?
What do you say when introducing yourself?

☑ 이름　　　☐ 직업　　　☐ _____　　　☐ _____

듣기 1 마리의 인터뷰입니다. 잘 듣고 쓰세요.
This is Mari's interview. Listen carefully and fill in the blanks.

이름	마리
국적	1)
직업	2)
한국어	3) (잘합니다 / 잘 못합니다 / 못합니다)

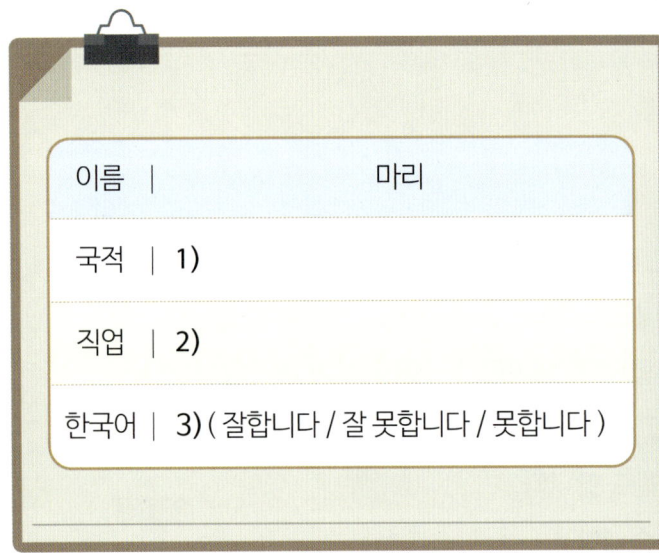

친구를 인터뷰해 보세요.
Interview your partner.

이름이 무엇입니까?

| 이름 | 국적 |
| 직업 | 한국어 | ? |

준비 아르바이트를 하고 싶습니까?
Do you want a part-time job?

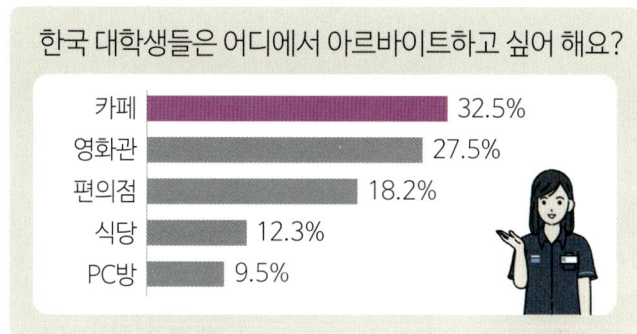

듣기 2 뉴스입니다. 잘 듣고 맞는 것을 연결하세요.
This is the news. Listen carefully and match the interview with the statement.

1)  • ① "아르바이트 계획 인터뷰입니다."

2)  • ② "저는 영화관에서 일하고 싶습니다."

3)  • ③ "저는 카페에서 아르바이트하고 싶습니다."

무슨 아르바이트를 하고 싶습니까? 친구를 인터뷰해 보세요.
Interview your partner and ask what kind of part-time job they want to have.

✎ 무엇을 좋아합니까?
✎ 무엇을 잘합니까?
✎ _____?

만들다 to make

저는 작년 가을에 한국에 왔습니다
I came to Korea last fall

피아노를 치다 to play the piano 기타를 치다 to play the guitar 자전거를 타다 to ride a bike
그림을 그리다 to paint a painting 작년 last year 올해 this year 내년 next year

이야기해 보세요

▶ 그림을 잘 그려요?
▶ 언제 한국에 왔어요?

친구를 사귀다
게임을 하다

스키를 타다
연습하다

4월 / 5월 / 6월

지난달 | 이번 달 | 다음 달

친구를 사귀다 to make a friend   스키를 타다 to ski   게임을 하다 to play a game   연습하다 to practice
지난달 last month   이번 달 this month   다음 달 next month

10-2. 저는 작년 가을에 한국에 왔습니다

읽기 10-2

준비 한국 생활이 어떻습니까?
How's life in Korea?

읽기 1 안나의 블로그입니다. 잘 읽고 맞으면 ○, 틀리면 × 하세요.
This is Anna's blog. Read carefully and write ○ for true and × for false.

안녕하십니까? 저는 안나입니다. 러시아 화가입니다.
저는 작년 가을에 한국에 **왔습니다**. 한국에서 캠핑도 하고 단풍 그림도 많이 **그렸습니다**. 한국의 가을은 정말 아름답습니다.
내년에는 한국의 화가들을 **만날 겁니다**. 한국에서 열심히 그림을 그리고 친구도 **사귈 겁니다**.

1) 안나는 한국에서 캠핑을 했습니다. (　　)
2) 안나는 한국의 화가들을 많이 사귀었습니다. (　　)

읽기 2 에릭의 발표입니다. 잘 읽고 질문에 답해 보세요.
This is Eric's presentation. Read carefully and answer the questions.

저는 작년 여름에 한국에 **왔습니다**. 월요일부터 금요일까지 대학원에서 공부도 하고 한국어도 배웁니다. 그래서 조금 바쁩니다. 하지만 한국어 공부는 정말 재미있습니다.
한국의 여름은 아주 덥습니다. 한국 사람들은 여름에 삼계탕을 많이 먹습니다. 저는 지난주 주말에 우리 반 친구들하고 삼계탕을 **먹었습니다**. 정말 **맛있었습니다**. 우리는 삼계탕을 먹고 한강 공원에서 자전거를 **탔습니다**. 이렇게 저의 한국 생활은 아주 재미있습니다.
앞으로 한국 친구를 더 많이 사귀고 싶습니다. 그리고 한국어 공부도 열심히 **할 겁니다**.

1 맞는 것을 고르세요.

① 에릭은 한국 요리를 잘합니다.
② 에릭은 작년에 한국에 왔습니다.
③ 에릭은 한국 친구를 많이 사귀었습니다.

2 빈칸에 알맞은 말을 쓰세요.

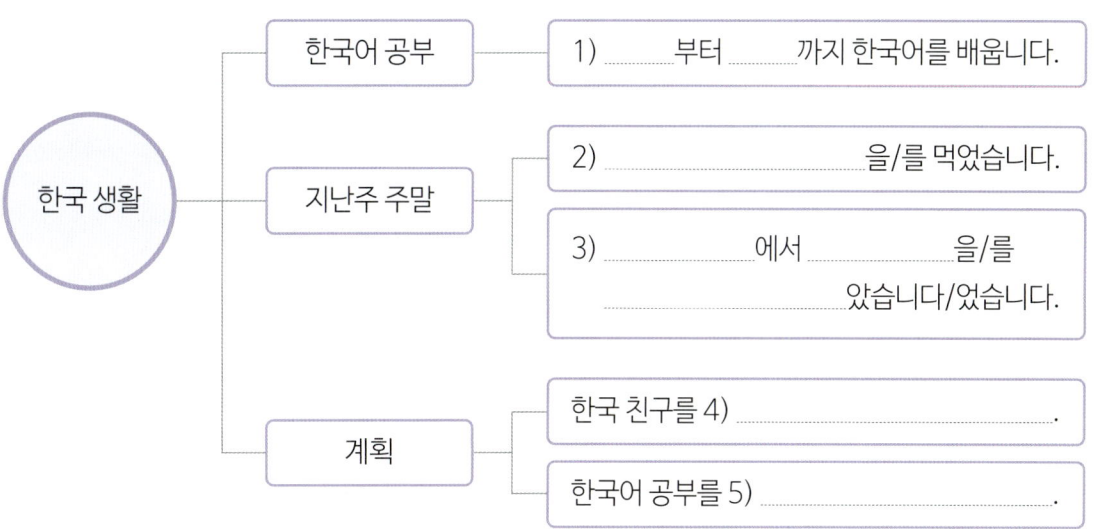

한국 생활
- 한국어 공부
  1) _____ 부터 _____ 까지 한국어를 배웁니다.
- 지난주 주말
  2) _____ 을/를 먹었습니다.
  3) _____ 에서 _____ 을/를 았습니다/었습니다.
- 계획
  4) 한국 친구를 _____.
  5) 한국어 공부를 _____.

친구의 학교생활을 인터뷰해 보세요.
Interview your partner about their school life.

수업   숙제   반 친구

친구 이름 : _____

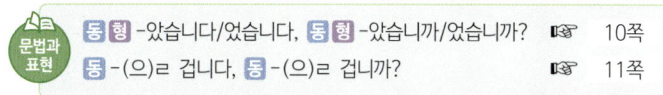

동형 -았습니다/었습니다, 동형 -았습니까/었습니까?   ☞ 10쪽
동 -(으)ㄹ 겁니다, 동 -(으)ㄹ 겁니까?   ☞ 11쪽

화가 painter   단풍 fall foliage   아름답다 to be beautiful   삼계탕 ginseng chicken soup   이렇게 like this   앞으로 from now on

준비 여러분의 한국 생활이 어떻습니까? 메모해 보세요.
Write down what life in Korea is like.

		보기	나의 발표
처음	인사, 소개	안녕하십니까? 아야나, 말레이시아, 작가	
중간	1. 학교생활 2. 한국 생활 3. 계획	월요일~금요일: 한국어 공부 평일 오후: 회사, 주말: 여행, 사진 여행, 책 쓰기	
끝	인사	제 발표는 여기까지입니다. 감사합니다.	

쓰기 한국 생활이 어떻습니까? 메모를 보고 보기 와 같이 발표문을 써 보세요.
How's life in Korea? Look at your notes and write a presentation as shown in the example.

> **보기**
> 안녕하십니까? 저는 아야나입니다. 말레이시아에서 왔습니다. 작가입니다.
> 요즘 저는 월요일부터 금요일까지 한국어를 공부합니다. 한국어 공부가 재미있습니다.
> 평일 오후에는 회사에 갑니다. 회사 일이 아주 많습니다. 주말에는 보통 여행을 합니다.
> 사진도 찍고 구경도 많이 합니다. 앞으로 계속 한국에서 여행을 하고 책을 쓰고 싶습니다.
> 제 한국 생활이 정말 재미있습니다. 여러분의 한국 생활은 어떻습니까?
> 제 발표는 여기까지입니다. 감사합니다.

작가 writer   어떻다 how is

Task 과제

우리 반 뉴스를 만들어서 발표해 보세요.
Write the news for our classroom and present it.

활동지 151쪽

1 여러분은 한국 뉴스를 읽어요? 뉴스 제목을 같이 읽어 보세요.
Do you read Korean news? Let's read the news headlines together.

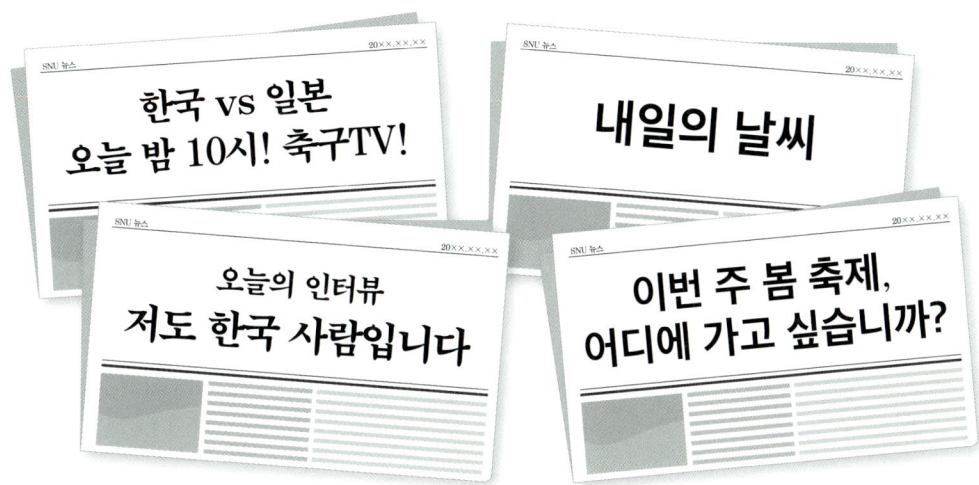

한국 vs 일본
오늘 밤 10시! 축구TV!

내일의 날씨

오늘의 인터뷰
저도 한국 사람입니다

이번 주 봄 축제,
어디에 가고 싶습니까?

2 우리 반 친구들의 한국 생활 뉴스를 만들어 볼 거예요.
뭐를 쓰고 싶어요? 친구와 같이 제목을 생각해 보세요.
Let's create a Life in Korea news article. What would you like to cover? Come up with a headline with your partner.

뉴스 제목: 〈　　　　　　　　　　　　　　　　　　　　〉

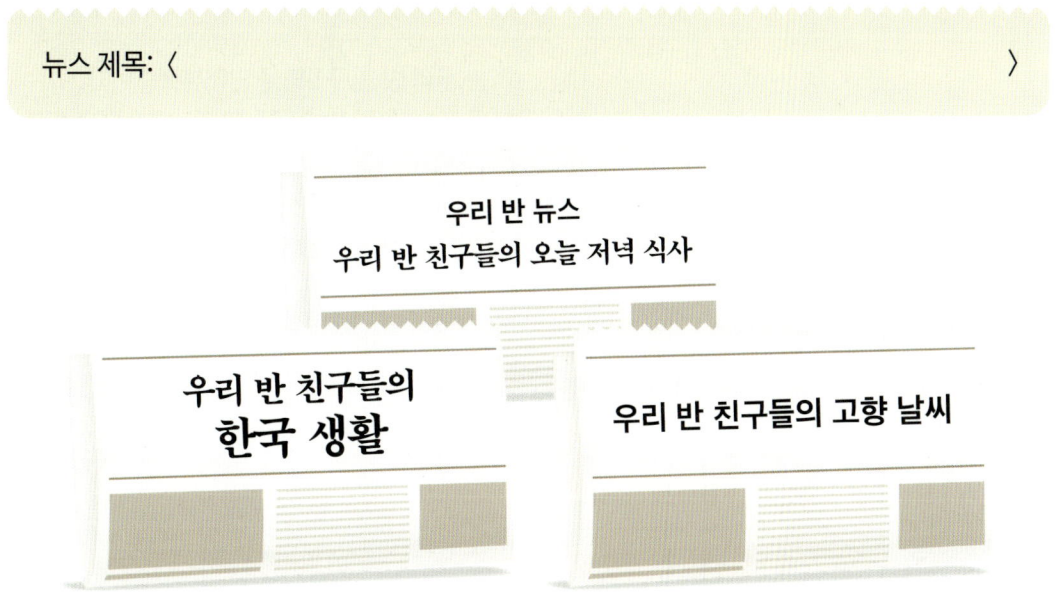

우리 반 뉴스
우리 반 친구들의 오늘 저녁 식사

우리 반 친구들의
한국 생활

우리 반 친구들의 고향 날씨

뉴스 news　　축제 festival　　식사 meal

3 질문을 3개 쓰고 친구들을 인터뷰해 보세요.
Write down 3 questions, then use them to interview your classmates.

〈 우리 반 친구들의 저녁 식사 〉

안녕하세요? 저는 _____ 기자입니다.
이름이 무엇입니까? ➡
오늘 저녁에 무엇을 먹을 겁니까? ➡
집에서 요리할 겁니까? ➡
누구하고 같이 먹을 겁니까? ➡
네. 인터뷰 감사합니다.

4 친구들을 인터뷰하고 뉴스처럼 발표해 보세요.
Interview your classmates, then present it as if you were a reporter.

저는 우리 반 친구 5명을 인터뷰했습니다.
인터뷰 주제는 '우리 반 친구들의 저녁 식사'입니다.
우리 반 친구들은 보통 저녁에 집에서 요리를 안 합니다.
식당에서 먹습니다. 오늘 저녁에는 친구하고 같이 피자를 먹을 겁니다.
SNU 뉴스 에릭입니다.

문화 / Culture

● 한국 대학교의 축제를 아세요?

한국의 대학교에서는 보통 봄과 가을에 축제를 합니다. 봄과 가을에는 날씨가 좋습니다. 음식도 많고 공연도 많이 있습니다. 축제가 아주 재미있습니다.

ⓒ연합뉴스

발음 / Pronunciation

받침소리 [ㅂ]은 뒤에 'ㄴ, ㅁ'이 오면 [ㅁ]으로 발음됩니다.
When the final consonant [ㅂ] is followed by 'ㄴ, ㅁ,' it is pronounced as [ㅁ].

예) 가: 수업이 끝나고 무엇을 합니까?　　　가: 학생입니까?
　　나: 공원에서 산책합니다.　　　　　　나: 아니요. 저는 학생이 아닙니다.

자기 평가 / Self-Check

☐ 주말에 보통 뭘 합니까?
☐ 한국에서 뭘 하고 싶습니까?
☐ 내년에 뭘 할 겁니까?

11 교통 Transportation

- **11-1** 방학에 부산에 가려고 해요
- **11-2** 서울역에서 여기까지 10분쯤 걸립니다

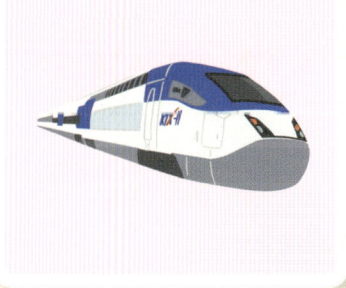

1 부산에 어떻게 가요?
2 여러분은 뭘 자주 타요?

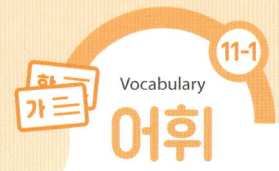

방학에 부산에 가려고 해요
I'm planning on going to Busan during break

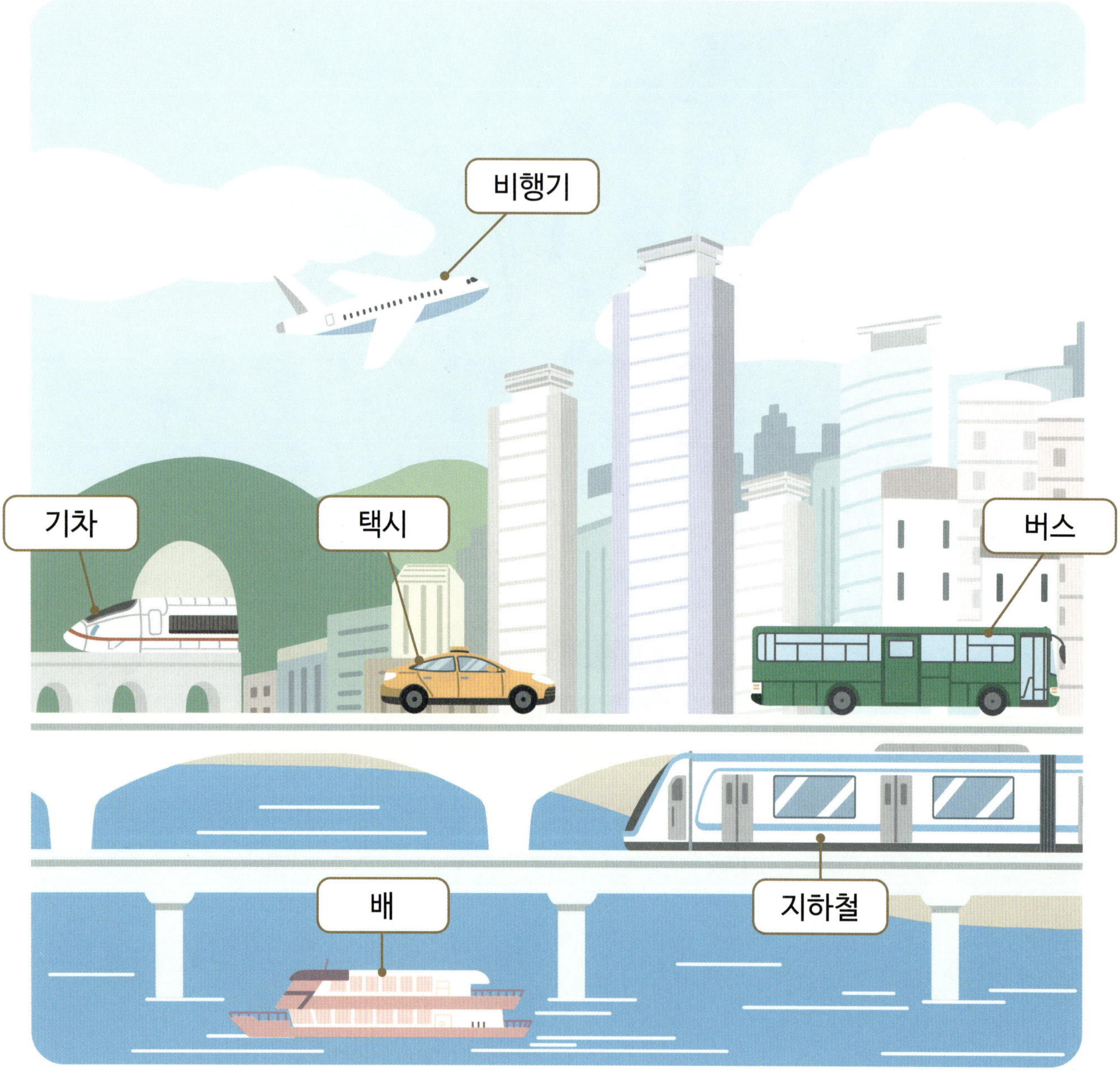

비행기

기차   택시   버스

배   지하철

비행기 plane   기차 train   택시 taxi   버스 bus   배 boat   지하철 subway

이야기해 보세요

▶ 뭘 자주 타요?
▶ 학교에 뭘 타고 와요?

지하철역 subway station   버스 정류장 bus stop   터미널 terminal   공항 airport
내리다 to get off   타다 to get on   갈아타다 to transfer

Speaking 말하기 11-1

말하기 1 친구와 연습해 보세요.
Practice with your partner.

가: 이 버스가 강남역으로 가요?
나: 아니요. 강남역으로 안 가요.
   저쪽에서 버스를 타세요.
가: 네. 감사합니다.

1) 시청 2) 여의도 3) 고속터미널

말하기 2 친구와 연습해 보세요.
Practice with your partner.

가: 방학에 어디에 갈 거예요?
나: 경주에 가려고 해요.
가: 기차를 타고 갈 거예요?
나: 네. 그래서 오후에 기차표를 예매하려고 해요.

1) 부산  버스표, 사다
2) 제주도  비행기표, 알아보다
3) 대전  KTX 표, 예매하다

문법과 표현	명 (으)로	12쪽
	동 -(으)려고 하다	13쪽

저쪽 that way   시청 City Hall   여의도 Yeouido   고속터미널 Express Bus Terminal   경주 Gyeongju   표 ticket
예매하다 to book   알아보다 to look into   대전 Daejeon

말하기 3	**친구와 이야기해 보세요.**

Talk with your partner.

테오: 이번 방학에 뭐 해요?

제니: 친구하고 같이 여의도에 갈 거예요. 여의도에서 축제를 보려고 해요.

테오: 아, 저도 가고 싶어요.

제니: 그래요? 그럼 우리 같이 갈까요?

테오: 네. 좋아요. 여의도에 어떻게 가요?

제니: 서울역에서 503번 버스를 타고 가요. 그 버스가 여의도로 가요.

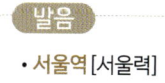
• 서울역[서울력]

1)

명동
크리스마스 축제
지하철 4호선

2)

이번 this   어떻게 how   서울역 Seoul Station

11-1. 방학에 부산에 가려고 해요

준비 **여러분은 학교에 뭘 타고 와요?**
How do you come to school?

☐ 버스   ☐ 지하철   ☐ ....   ☐ ....

듣기 1 **에릭은 언어교육원에 어떻게 왔어요? 잘 듣고 맞는 것을 고르세요.**
How did Eric come to the Language Education Institute? Listen carefully and choose the correct picture.

①    ② ③

집에 어떻게 가요? 친구들하고 이야기해 보세요.
How do you get home? Talk to your classmates about it.

집에 어떻게 가요?
집에 보통 걸어가요.
어디에서 내려요?
저는 지하철을 타고 가요.
사당역에서 내려요. 엥흐 씨는 집에 어떻게 가요?

살다 to live   걸어오다 to walk over   호선 line number   걸어가다 to walk

준비 한국에서 지하철을 탔어요? 어디에서 탔어요? 어디에서 내렸어요?
Have you taken the subway in Korea? Which station did you get on? Where did you get off?

듣기 2 제니와 닛쿤의 대화입니다. 잘 듣고 맞으면 ○, 틀리면 × 하세요.
This is a conversation between Jenny and Nichkhun. Listen carefully and write ○ for true and × for false.

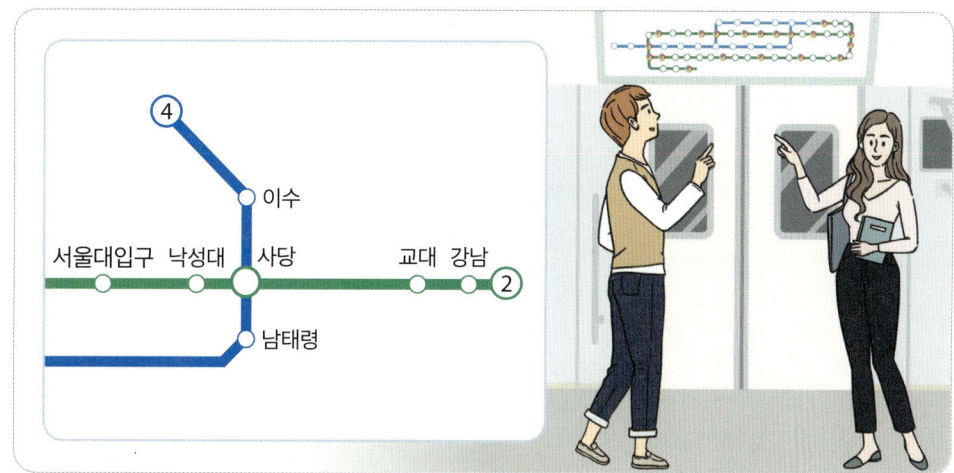

1) 여자는 사당역에서 4호선으로 갈아탈 거예요.   (   )

2) 남자와 여자는 사당역에서 같이 밥을 먹으려고 해요.   (   )

어디에 가고 싶어요? 거기에 어떻게 가요? 어디에서 갈아타요?
Where do you want to go? How will you get there by subway? Where do you transfer?

저는 서울대공원에 가고 싶어요. 서울대입구역에서 2호선을 타고 사당역에서 4호선으로 갈아타요. 그리고 대공원역에서 내려요.

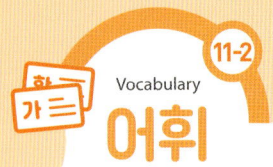

11-2 서울역에서 여기까지 10분쯤 걸립니다
It takes about 10 minutes from Seoul Station to here

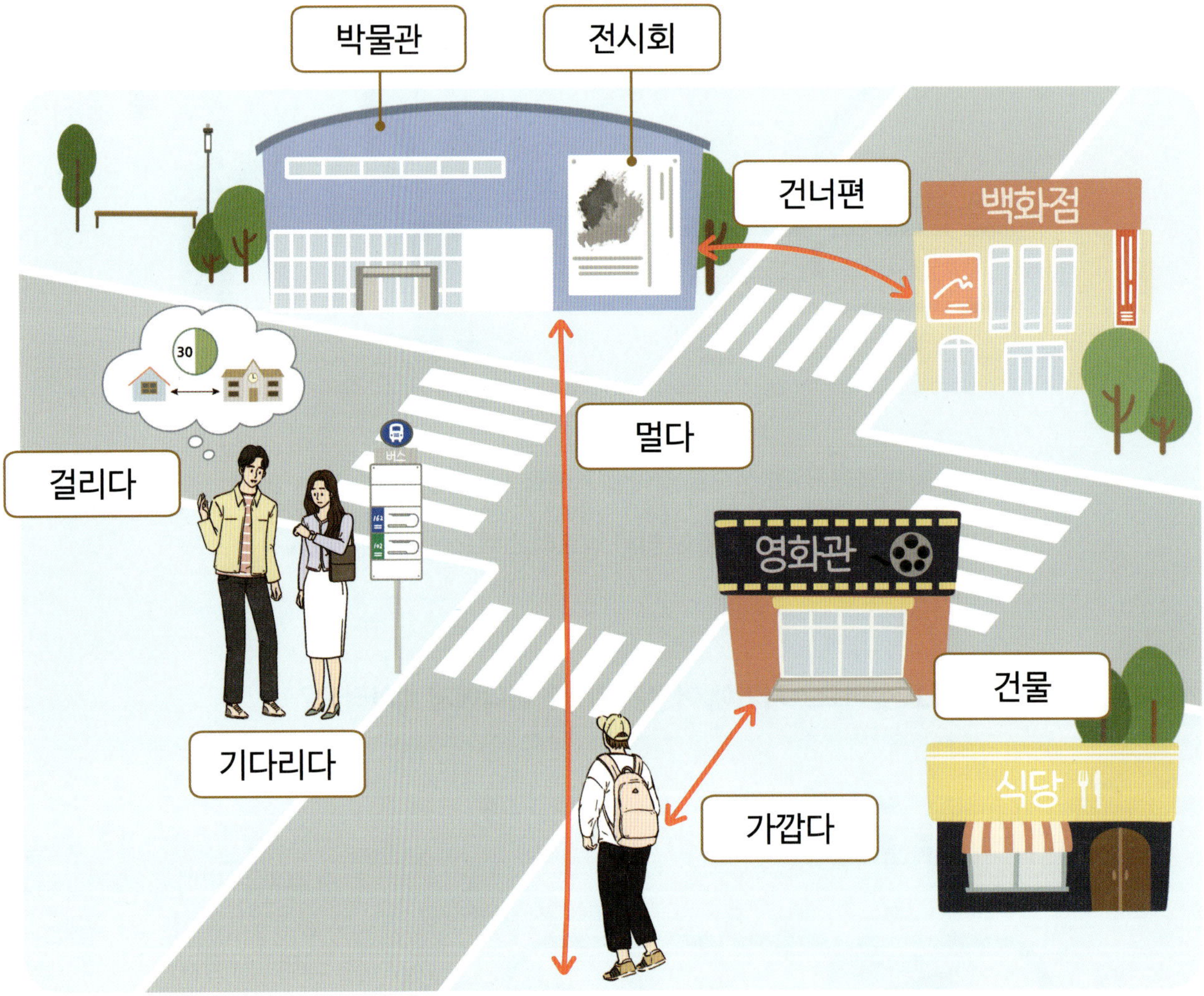

박물관 / 전시회 / 건너편 / 걸리다 / 기다리다 / 멀다 / 가깝다 / 건물

가깝다 to be near　　멀다 to be far　　걸리다 to take　　기다리다 to wait
건너편 other side　　건물 building　　박물관 museum　　전시회 exhibition

이야기해 보세요

▶ 집이 학교에서 멀어요?
▶ 집 건너편에 뭐가 있어요?

저쪽 / 왼쪽 / 오른쪽 / 그쪽

전시회를 어디에서 해요?

저 건물에서 해요. 이쪽으로 가세요.

이쪽

이쪽 this way 그쪽 that way 저쪽 that way (over there)
왼쪽 left 오른쪽 right

읽기 11-2

준비 한국에서 어디에 갔어요? 집에서 거기까지 멀어요?
Where did you go in Korea? How far was it from your house?

읽기 1 전시회 안내입니다. 잘 읽고 맞으면 ○, 틀리면 × 하세요.
This is the information about the exhibition. Read carefully and write ○ for true and × for false.

서울역의 어제와 오늘

언제: 20**년 1월 13일(목)~16일(일)
어디: 서울박물관

1960년의 서울역과 2020년의 서울역을 보고 싶습니까? 서울박물관으로 오세요. 여기에 서울역의 사진이 있습니다. 지하철 4호선 **서울역에서 여기까지** 걸어서 10분쯤 걸립니다. 많이 오세요.

연도를 읽을 때
When reading the year

1960년 **천구백육십 년**
2020년 **이천이십 년**

1) 남자는 서울역에서 사진을 봐야 돼요. (   )
2) 지하철역에서 박물관까지 십 분쯤 걸려요. (   )

읽기 2 다니엘의 여행 계획입니다. 잘 읽고 질문에 답해 보세요.
This is Daniel's travel plans. Read carefully and answer the questions.

다음 주 일요일에 친구하고 '섬진강 기차마을'로 여행을 가려고 해요. KTX를 타고 갈 거예요. **서울역에서 기차마을까지** 세 시간쯤 걸려요. 조금 멀어요. 우리는 9시 기차를 탈 거예요. 그래서 8시 30분까지 서울역에 **가야 돼요.**
기차마을에서 기차도 구경하고 옛날 기차도 탈 거예요. 사진도 많이 찍을 거예요. 빨리 가고 싶어요.

섬진강 기차마을에서

걸어서 on foot

1 빈칸에 알맞은 말을 쓰세요.

섬진강 기차마을에 어떻게 가요?	1) _____ 을/를 타고 가요. 서울역에서 기차마을까지 2) _____ 걸려요.
다니엘 씨는 기차마을에서 뭘 하려고 해요?	3) _____ 을/를 구경하고 4) _____ 을/를 탈 거예요. 5) _____ .

2 맞는 것을 고르세요.

① 다니엘은 여덟 시 기차를 탔어요.
② 다니엘은 다음 주 주말에 여행을 갈 거예요.
③ 다니엘은 기차마을까지 옛날 기차를 타고 갈 거예요.

친구를 인터뷰해 보세요.
Interview your classmates about their travel plans.

	친구 이름:	친구 이름:
어디로 여행 가고 싶어요?		
어떻게 갈 거예요?		
뭐 하려고 해요?		

문법과 표현
명 에서 명 까지 ☞ 14쪽
동 -아야/어야 되다 ☞ 15쪽

섬진강 기차마을 Seomjingang Train Village   옛날 long ago

준비 한국에서 어디에 가고 싶어요? 어떻게 갈 거예요? 메모해 보세요.
Where would you like to go in Korea? How would you get there? Answer the following questions.

보기		메모
언제 갈 거예요?	다음 달	
어디로 갈 거예요?	춘천	
어떻게 갈 거예요?	기차	
얼마나 걸려요?	한 시간	
뭐 할 거예요?	닭갈비를 먹어요, 자전거를 타요	

쓰기 한국에서 어디에 가고 싶어요? 메모를 보고 보기 와 같이 써 보세요.
Where would you like to go in Korea? Look at your notes and write a passage as shown in the example.

> 보기
> 저는 다음 달에 친구하고 춘천에 갈 거예요. 기차를 타고 갈 거예요. 서울에서 춘천까지 한 시간쯤 걸려요. 우리는 닭갈비를 먹을 거예요. 닭갈비는 조금 매워요. 하지만 맛있어요. 우리는 사진도 많이 찍고 자전거도 탈 거예요. 꼭 가고 싶어요.

춘천 Chuncheon   닭갈비 dakgalbi

여행 이야기를 만들어 보세요.
Write about your travel itinerary.

활동지 152쪽

1 여러분은 지금 서울에 있어요. 어디로 가고 싶어요? 뭘 타고 가요?
거기에서 뭐 하고 싶어요? 한국 지도를 보고 친구하고 이야기해 보세요.

You're now in Seoul. Where do you want to go? What form of transportation are you going to use? What are you going to do when you get there? Look at the map of Korea and talk with your partner about it.

- 경복궁 / N 서울타워 / 서울로 7017
- 남이섬 / 닭갈비 (춘천)
- 서울 — 춘천: 2시간 (기차/배)
- 서울 — 강릉: 3시간 (기차)
- 바다 / 커피 거리 / 순두부 (강릉)
- 서울 — 수원: 1시간 20분 (기차)
- 화성 / 호수공원 / 갈비 (수원)
- 수원 — 경주: KTX 2시간 20분
- 불국사 / 경주빵 (경주)
- 서울 — 전주: 4시간 (버스)
- 한옥 마을 / 비빔밥 (전주)
- 전주 — 부산: KTX 2시간 30분
- 해운대 / 자갈치시장 / 회 (부산)
- 서울 — 제주도: 1시간 (비행기)
- 한라산 / 해녀 / 유채꽃 / 귤 (제주도)

> 어디로 가고 싶어요?
> 수원까지 뭘 타고 가요?

> 저는 수원에 가고 싶어요. 수원 화성을 구경하고 갈비를 먹을 거예요.

11-2. 서울역에서 여기까지 10분쯤 걸립니다 65

2 친구하고 같이 주사위를 4번 굴리세요.
Roll the dice 4 times with your partner.

	1) 언제?	2) 어디로?	3) 누구하고?	4) 어떻게?
⚀	지난주 토요일	경주	(친구)	🚢
⚁	겨울	(부산)	혼자	(🚴)
⚂	5월	제주도	부모님	✈️
⚃	(크리스마스)	수원	가수 ____ 씨	🚶
⚄	방학	춘천	강아지	🚆
⚅	제 생일	전주	곰 인형	🚐

1) ⚃ 크리스마스
2) ⚁ 부산
3) ⚀ 친구
4) ⚁ 🚴

3 주사위에서 나온 단어를 활용해서 이야기를 만들어서 발표해 보세요.
Create a story using the words from the dice and present it to the class.

> 저는 이번 [크리스마스]에 [친구]하고 같이 [부산]으로 여행을 갔어요. 서울에서 부산까지 [자전거를 타고] 갔어요. 일주일쯤 걸렸어요. 정말 멀었어요. 다리가 너무 아팠어요. 하지만 우리는 부산 바다 앞에서 사진을 찍고 시장에서 찌개도 먹었어요. 그런데 여러분, 자전거를 타고 가지 마세요. 정말 힘들어요.

4 어느 팀의 이야기가 제일 재미있어요?
Which team's story was the most interesting?

어디에서 버스를 기다려요?

한국에는 '스마트 정류장'이 있어요.
버스가 오는 시간을 보면서 버스를 기다릴 수 있어요.
정류장 안에는 무료 와이파이와 휴대폰 충전기가 있어요.
여름에는 시원하고 겨울에는 따뜻한 스마트 정류장에서 편하게 버스를 기다려요.

ⓒ 충주시

충전기

발음 / Pronunciation

역 이름에 받침 'ㄹ'이 있는 경우에는 '역'에 [ㄹ]을 넣어 발음하고, 'ㄹ' 이외의 받침이 있는 경우에는 [ㄴ]을 넣어 발음합니다.

When the name of a station ends with the final consonant 'ㄹ,' '역' is pronounced as [력]. When the name of the station ends with a final consonant other than 'ㄹ,' '역' is pronounced as [녁].

예 가: 어디에서 내려요?　　　　　　가: 시청역에서 갈아타요?
　　나: 서울역에서 내려요.　　　　　나: 아니요. 강남역에서 갈아타야 돼요.

자기 평가 / Self-Check

- ☐ 학교에서 집까지 얼마나 걸려요?
- ☐ 언제 고향에 돌아가려고 해요?
- ☐ 기차 여행을 하려고 해요. 어디로 가고 싶어요?

12

전화 Telephone

- **12-1** 요즘 잘 지내지요?
- **12-2** 약속이 있어서 못 갔어요

1 이 사람은 지금 뭐 해요?
2 누구하고 통화를 자주 해요?

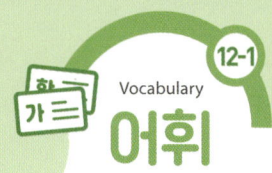

요즘 잘 지내지요?
How are you doing these days?

메시지를 보내다

대답이 없어요.

여보세요?

실례지만 누구세요?

영상통화

메시지를 보내다 to send a text 　　영상 통화 video call 　　여보세요? Hello?
실례지만 누구세요? Sorry, who's this? 　　대답 answer

이야기해 보세요

- '여보세요'가 여러분 나라말로 뭐예요?
- 전화번호가 몇 번이에요?

전화를 받다 to answer the phone 　메시지를 받다 to receive a text 　전화번호 phone number
찾아보다 to look up 　공 zero 　사무실 office

Speaking 말하기 12-1

말하기 1 친구와 연습해 보세요.
Practice with your partner.

가: 여보세요, 다니엘 씨? 저 나나예요. 잘 지내지요?
나: 아, 나나 씨. 오랜만이에요. 저는 잘 지내요.
가: 요즘도 바쁘지요?
나: 네. 좀 바빠요.

1) 가족들도 다 건강하다 / 다 건강하다
2) 요즘도 회사에 잘 다니다 / 잘 다니다
3) 지금도 서울에 살다 / 서울에 살다

말하기 2 친구와 연습해 보세요.
Practice with your partner.

가: 테오 씨, 무슨 요일에 요리를 배워요?
나: 금요일에 배워요.
가: 요리 수업이 어때요?
나: 조금 힘들지만 재미있어요.

1) 한국어, 배우다 / 월요일부터 금요일까지 / 한국어 수업 / 어렵다, 재미있다
2) 아르바이트, 하다 / 주말 / 아르바이트 / 일이 많다, 괜찮다
3) 요가 수업, 하다 / 목요일 / 요가 수업 / 잘 못하다, 재미있다

문법과 표현
동형 -지요? ☞ 16~17쪽
동형 -지만 ☞ 18~19쪽

잘 지내다 to be fine   오랜만이에요 Long time no see/talk   다 all   건강하다 to be healthy   괜찮다 to be fine

말하기 3   친구와 이야기해 보세요.
Talk with your partner.

하이: 여보세요? 안나 씨, 지금 통화 괜찮아요?
안나: 네. 괜찮아요. 무슨 일 있어요?
하이: 안나 씨, 그림 전시회를 일요일까지 하지요?
안나: 네. 이번 주 일요일까지 해요. 그런데 왜요?
하이: 회사에 일이 많아요. 그래서 전시회에 너무 가고 싶지만 못 가요. 미안해요.
안나: 아, 그래요? 괜찮아요. 전시회 사진을 많이 찍을 거예요. 나중에 보세요.

발음
- 싶지만 [십찌만]

1)

| 토요일에 캠핑하다 |
| 고향 집에 일이 있다 |
| 다음에 같이 가다 |

2)

통화 call   나중 later

준비
친구의 전화번호가 몇 번이에요? 듣고 쓰세요.
What is your classmate's phone number? Listen and write it down.

- 친구 이름:
- 친구 이름:

듣기 1
남자와 여자가 전화를 합니다. 잘 듣고 알맞은 것을 고르세요.
This is a phone conversation between a man and a woman. Listen carefully and match the location with the number.

1) 사무실 •
2) 서울식당 •

• ① 2404-1453
• ② 6778-5431
• ③ 2304-1453
• ④ 6778-5432

어디에 전화해야 돼요?
Where do I need to call in the following situations?

준비 친구가 전화를 안 받아요. 어떻게 해야 돼요?
My friend is not answering the phone. What should I do?

듣기 2 에릭과 나나가 전화합니다. 잘 듣고 맞는 것을 고르세요.
This is a phone call between Eric and Nana. Listen carefully and choose the correct statement.

① 남자는 메시지를 보냈어요.

② 남자는 지금 밥을 먹으려고 해요.

③ 남자는 오늘 저녁에 약속이 있어요.

☑ 하고 친구하고 이야기해 보세요.
Place a check mark in the box and practice talking to your partner.

1 여러분은 뭘 제일 많이 해요?

2 누구하고 제일 자주 전화해요?

 저는 부모님하고 전화를 자주 해요. 매일 저녁에 전화해요. 친구하고 전화는 잘 안 하지만 영상 통화는 자주 해요. 메시지도 많이 보내요. 사진도 보내고 이모티콘도 자주 보내요. 재미있어요.

이모티콘 emoticon

12-2 약속이 있어서 못 갔어요
I couldn't go because I had plans

준비하다

시험을 보다

점수가 좋다

기분이 좋다

친구하고 놀다

준비하다 to prepare 시험을 보다 to take a test 점수가 좋다 to score well
기분이 좋다 to feel good 친구하고 놀다 to hang out with a friend

이야기해 보세요

▶ 보통 친구하고 어디에서 놀아요?
▶ 모레가 며칠이에요?

늦잠을 자다

길이 막히다

부탁이 있다

죄송하다

월요일	화요일	수요일	목요일	금요일
그저께	어제	오늘	내일	모레

늦잠을 자다 to sleep in   길이 막히다 to be stuck in traffic   부탁이 있다 to ask a favor
죄송하다 to be sorry   그저께 the day before yesterday   모레 the day after tomorrow

읽기 12-2

준비 무슨 이모티콘을 자주 써요? 옆 친구에게 보내세요.
What emoticons do you use often? Send it to your classmate next to you.

^^   ㅠㅠ   :)   +_+   ('ㅅ')

읽기 1 닛쿤과 친구들의 대화입니다. 잘 읽고 맞으면 ○, 틀리면 × 하세요.
This is a conversation between Nichkhun and his friends. Read carefully and write ○ for true and × for false.

안나: 닛쿤 씨, 왜 전화를 안 받아요? ㅠㅠ

닛쿤: 미안해요. **퇴근 시간이라서** 지하철에 사람이 너무 많아요. 그래서 전화 못 받았어요. 모두 어디에 있어요?

우리는 시청역 앞에 있어요. ^^

테오: 닛쿤 씨, 빨리 오세요!

여러분, 미안해요. ㅠㅠ 장소 이름을 잘못 **봐서** 신촌역에 왔어요.

1) 닛쿤은 친구의 전화를 못 받았어요. ( )

2) 닛쿤은 약속이 있어서 시청역에 못 갔어요. ( )

문법과 표현	동/형 -아서/어서	☞ 20쪽
	명 (이)라서	☞ 21쪽

퇴근 get off work   장소 place   잘못 wrong   신촌 Sinchon

78 서울대 한국어⁺ Student's Book 1B | 12. 전화

읽기 2 제니의 이야기입니다. 잘 읽고 맞는 것을 고르세요.
This is a passage about Jenny. Read carefully and choose the correct statement.

우리 할머니는 한국 사람이에요. 전에는 제가 한국어를 **못해서** 자주 전화를 안 했어요. 요즘은 한국어를 조금 **배워서** 한국어로 전화해요.

그런데 우리 할머니는 정말 빨리 말해요. 저는 할머니를 사랑하지만 할머니 말을 잘 몰라요. 그래서 그냥 "네. 네. 할머니." 이렇게 이야기해요.

오늘부터 한국어를 더 열심히 공부하려고 해요. 할머니하고 많이 이야기하고 싶어요.

① 제니는 할머니하고 한국어로 전화해요.
② 제니는 부탁이 있어서 할머니하고 전화해요.
③ 제니는 한국 사람이라서 한국어를 빨리 말해요.

 여러분은 한국어로 전화를 해요? 뭐가 어려워요?
Do you speak in Korean on the phone? What are some of the difficulties you have?

한국 사람이 말을 빨리 해요.

5412? 5411?
한국어 숫자를 잘 몰라요.

여의도? 오이도?
한국어 발음을 잘 못해요.

할머니 grandmother   전 before   몰라요 I don't know   그냥 just because   숫자 number   발음 pronunciation

Writing 12-2

준비 한국어로 전화를 해요. 뭐가 어려워요? 다음을 읽어 보세요.
What's difficult about speaking in Korean on the phone? Read the following dialogue.

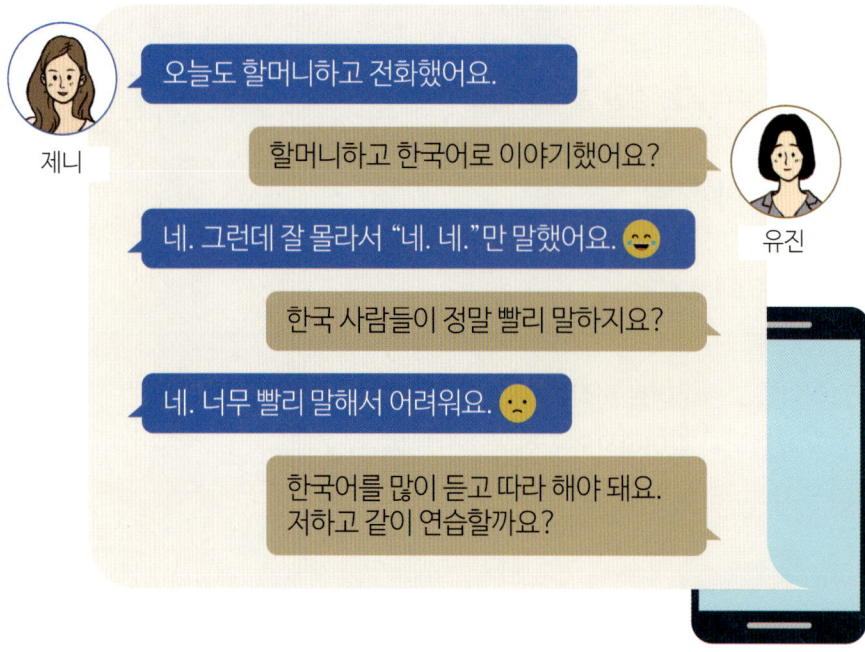

제니: 오늘도 할머니하고 전화했어요.
유진: 할머니하고 한국어로 이야기했어요?
제니: 네. 그런데 잘 몰라서 "네. 네."만 말했어요. 😄
유진: 한국 사람들이 정말 빨리 말하지요?
제니: 네. 너무 빨리 말해서 어려워요. 🙁
유진: 한국어를 많이 듣고 따라 해야 돼요. 저하고 같이 연습할까요?

쓰기 친구의 메시지를 읽고 답장을 써 보세요.
Read your classmate's text message and write a reply.

한국어 발음이 너무 어려워요.
연습을 많이 했지만 잘 못해요.
어떻게 해야 돼요? ㅜㅜ

한국어 시험 점수가 안 좋았어요.
다음 주에 또 시험을 봐요.
어떻게 준비해야 돼요?

따라 하다 to repeat   또 again

친구와 전화해 보세요.
Call your friend.

1 한국어로 전화해요. 어떻게 말해요?
You're talking on the phone in Korean. What would you say?

여보세요.
_____ 씨 휴대폰이지요?
지금 통화 괜찮아요?

조금 크게 이야기해 주세요.
다시 한번 이야기해 주세요.

네. 안녕히 계세요.
고맙습니다.

2 카드를 뽑으세요.
Pick a card.

김 선생님
오늘 엥흐 씨가 학교에 안 왔습니다.
그런데 엥흐 씨의 전화번호를 모릅니다.
전화번호를 물어보세요.

학생 2
엥흐 씨의 전화번호를 이야기하세요.
전화번호: 010-0880-5488

모르다 to not know   물어보다 to ask

3 카드를 보고 A와 B가 되어 전화해 보세요.
Look at the card and take turns talking on the phone with your partner.

A	B
	에릭 씨 휴대폰이지요? 김 선생님이에요.
여보세요?	
	지금 통화 괜찮아요?
아, 네. 선생님, 안녕하세요?	
네. 괜찮아요.	
	오늘 엥흐 씨가 학교에 안 왔어요. 그런데 제가 엥흐 씨 전화번호를 몰라요.
아, 제가 엥흐 씨 전화번호를 알아요.	
	그래요? 전화번호가 몇 번이에요?
010-0880-5488이에요.	
	아, 고마워요. 내일 만나요.
안녕히 계세요.	

● 여러분을 도와주는 전화가 있어요.

1) 아파서 병원에 가야 돼요.
   먼저 1339에 전화해 보세요.

2) 한국에서 여행하고 싶어요?
   120에 전화해 보세요.

발음 Pronunciation

받침소리 [ㅂ] 뒤에 오는 'ㄱ, ㄷ, ㅂ, ㅅ, ㅈ'은 [ㄲ, ㄸ, ㅃ, ㅆ, ㅉ]로 발음합니다.
When 'ㄱ, ㄷ, ㅂ, ㅅ, ㅈ' come after the final consonant [ㅂ], they are pronounced as [ㄲ, ㄸ, ㅃ, ㅆ, ㅉ].

예) 가: 오늘 운동해요?
    나: 아니요. 하고 **싶지만** 오늘 너무 바빠요.

    가: 주말에 시간이 있어요?
    나: 토요일에는 시간이 **없지만** 일요일에는 괜찮아요.

자기 평가 Self-Check

☐ 휴대폰 번호가 몇 번이에요?
☐ 왜 한국어를 공부해요?
☐ 친구가 전화를 안 받아요. 어떻게 해요?

13

옷과 외모 Clothes & Appearances

13-1 싸고 예쁜 옷이 많아요
13-2 긴 바지를 자주 입어요

1 어디에서 옷을 사요?
2 어떤 옷을 입고 싶어요?

Vocabulary

어휘

13-1

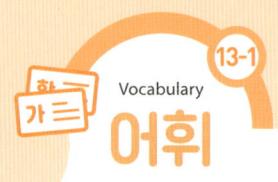

싸고 예쁜 옷이 많아요

There are lots of inexpensive and pretty clothes

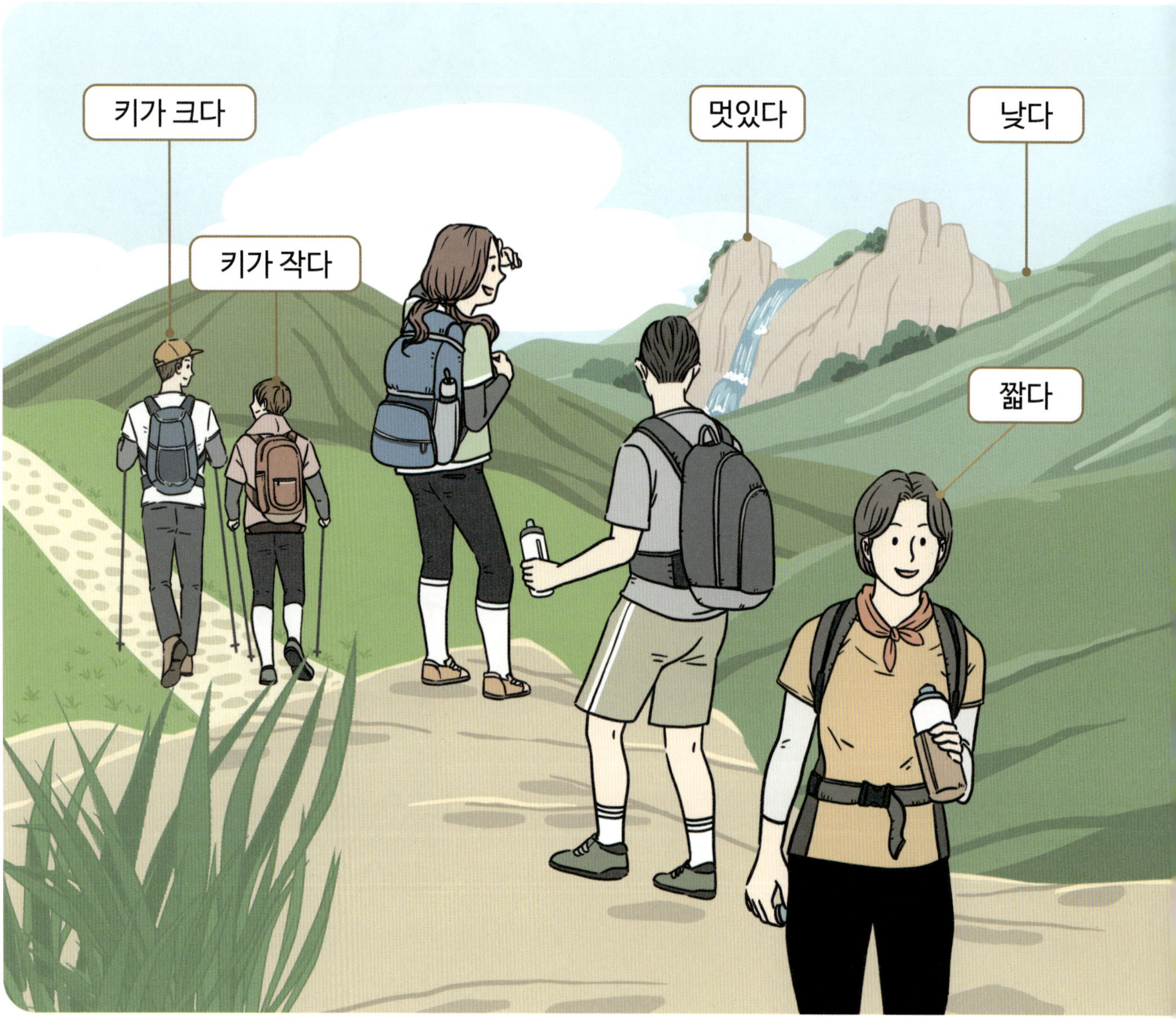

키가 크다 to be tall　키가 작다 to be short (height)　길다 to be long　짧다 to be short (length)

높다 to be high　낮다 to be low　멋있다 to be cool

이야기해 보세요

▶ 우리 반에서 누가 제일 키가 커요?
▶ 고향에서 어느 산이 제일 높아요?

높다
쓰다
길다
벗다
입다
신다

입다 to put on/wear   신다 to slip on/wear   쓰다 to wear/put on   벗다 to take off

말하기 Speaking 13-1

말하기 1 친구와 연습해 보세요.
Practice with your partner.

가: 이거 에릭 씨 가방이에요? 멋있네요.
나: 네. 멋있죠? 세일해서 샀어요.
가: 어디에서 샀어요?
나: 명동에서 샀어요.

1)

예쁘다
싸고 예쁘다
백화점

2)
좋다
어제 갑자기 비가 오다
학교 앞 편의점

3)
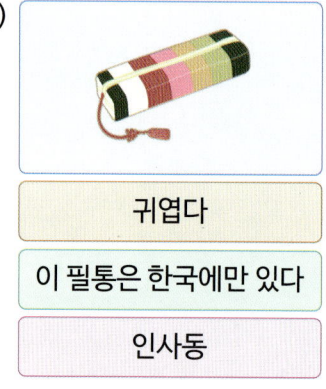
귀엽다
이 필통은 한국에만 있다
인사동

말하기 2 친구와 연습해 보세요.
Practice with your partner.

가: 안나 씨, 옷이 정말 예쁘네요.
나: 고마워요. 어제 강남역에서 샀어요.
가: 그래요? 강남역에 옷 가게가 있어요?
나: 네. 있어요. 싸고 예쁜 옷이 많아요.

1)
멋있다
홍대
괜찮다

2)
귀엽다
명동
좋다

3)
예쁘다
남대문시장
멋있다

| 문법과 표현 | 동 형 -네요 | ☞ 22쪽 |
| | 형 -(으)ㄴ 명 | ☞ 23쪽 |

세일하다 to be on sale   갑자기 suddenly   옷 가게 clothing store   남대문시장 Namdaemun Market

말하기 3 친구와 이야기해 보세요.
Talk with your partner.

제니: 오늘 파티에 테오 씨 여자 친구도 왔네요.
닛쿤: 테오 씨 여자 친구를 알아요?
제니: 네. 휴대폰에서 사진을 봤어요. 테오 씨가 사진을 보여 줬어요.
닛쿤: 그래요? 여자 친구가 누구예요?
제니: 저기 머리가 길고 키가 큰 여자예요.
닛쿤: 모자를 썼어요?
제니: 아니요. 모자를 안 썼어요. 지금 테오 씨 옆에 있어요.

발음
• 왔네요 [완네요]

1)
유진 씨 남자 친구
키가 크고 눈이 크다
안경을 쓰다

2)

파티 party   보여 주다 to show   머리 hair

Listening 듣기 13-1

준비 그림을 보고 어울리는 문장과 연결하세요.
Look at the picture and match it with the appropriate sentences.

- 머리가 길어요. •
- 머리가 짧아요. •
- 키가 커요. •
- 키가 작아요. •
- 한복을 입었어요. •
- 수영복을 입었어요. •

듣기 1 민우와 안나의 대화입니다. 잘 듣고 맞으면 ○, 틀리면 × 하세요.
This is a conversation between Minwoo and Anna. Listen carefully and write ○ for true and × for false.

1) 강아지의 이름은 김치예요.　　(　　)
2) 남자는 지금 머리가 길어요.　　(　　)

💬 그림을 보고 이야기해 보세요.
Look at the picture and describe it to your partner.

이거는 우리 가족사진이에요.
우리 엄마는 키가 커요. 그리고 _____.
우리 형은 _____.
우리 강아지 이름은 _____.

90　서울대 한국어⁺ **Student's Book 1B** | 13. 옷과 외모

준비 **여러분에 대해 이야기해 보세요.**
Describe things about yourself.

- ☐ 키가 커요.   ☐ 머리가 길어요.   ☐ 안경을 써요.   ☐ _____
- ☐ 키가 작아요. ☐ 머리가 짧아요. ☐ 안경을 안 써요. ☐ _____

듣기 2 **크리스가 한국어 반 친구들을 소개합니다. 잘 듣고 질문에 답해 보세요.**
Chris is introducing his friends from the Korean language class. Listen carefully and answer the questions.

1 알맞은 그림을 연결하세요.

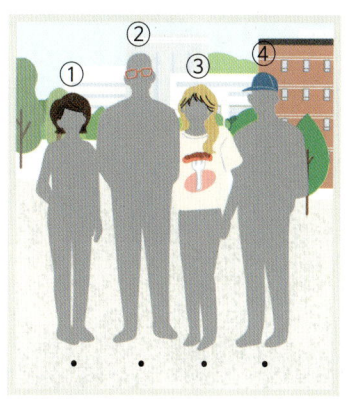

- 테오
- 안나
- 에릭
- 마리

2 잘 듣고 맞는 것을 고르세요.

① 안나는 매운 음식을 좋아해요.
② 크리스는 마리를 많이 도와줘요.
③ 에릭은 재미있고 친절한 사람이에요.

카드를 사용해서 우리 반 친구들을 소개해 보세요.
Use the information on the card and introduce your classmates.

| 키가 크다 | 멋있다 | 잘하다 | 귀엽다 |
| 좋아하다 | 모자를 자주 쓰다 | 머리가 길다 | 머리가 짧다 |

> 우리 반 친구들은 모두 여섯 명입니다.
> 우리 반에서 제일 키가 큰 사람은 엥흐 씨입니다.
> 엥흐 씨는 모자를 자주 씁니다.
> 우리 반에서 머리가 제일 짧은 사람은 닛쿤 씨입니다.
> 닛쿤 씨는 노래를 잘합니다.

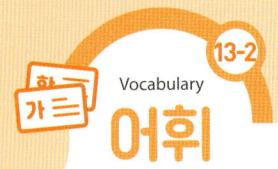

어휘 Vocabulary 13-2

긴 바지를 자주 입어요

I wear long pants often

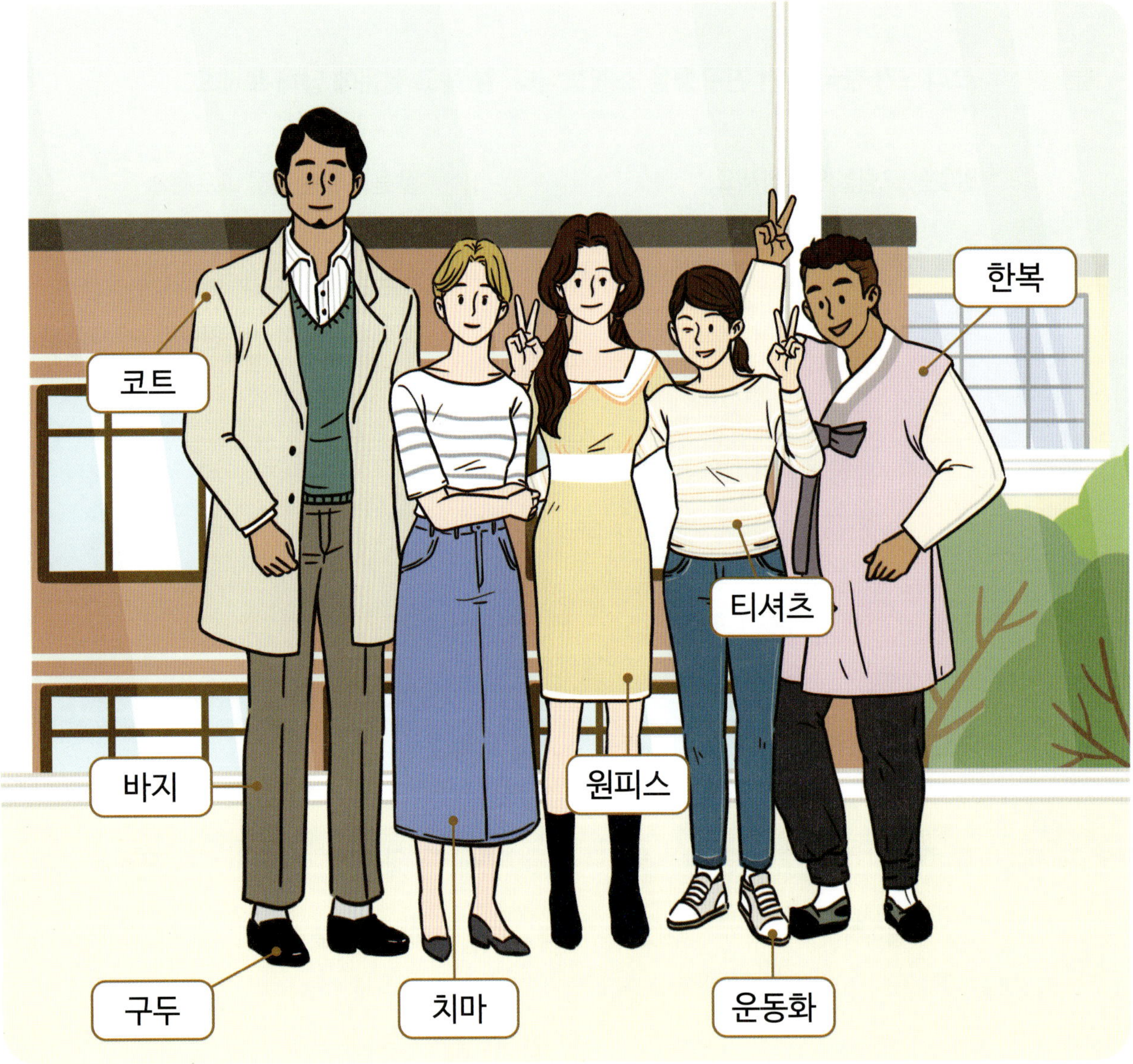

바지 pants	치마 skirt	코트 coat	티셔츠 t-shirt	원피스 dress
한복 hanbok	운동화 sneakers	구두 dress shoes		

이야기해 보세요

▶ 무슨 옷을 자주 입어요?
▶ 구두를 자주 신어요? 운동화를 자주 신어요?

- 두껍다
- 편하다
- 얇다
- 불편하다

편하다 to be comfortable   불편하다 to be uncomfortable
두껍다 to be thick   얇다 to be thin

Reading 읽기 13-2

준비 여러분은 어떤 옷을 자주 입어요?
What kind of clothes do you wear often?

읽기 1 한복 전시회 초대장입니다. 잘 읽고 맞으면 ○, 틀리면 × 하세요.
This is an invitation to a hanbok exhibition. Read carefully and write ○ for true and × for false.

사계절 이야기가 있는 한복

인사동에서 한복 전시회를 합니다.
얇은 여름 한복부터
두꺼운 겨울 한복까지 있습니다.
한복을 입고 사진을 **찍는** 곳도 있습니다.
꼭 오세요.

1) 전시회에서 예쁜 한복을 팝니다.　　(　　)
2) 전시회에 두꺼운 한복도 있습니다.　　(　　)

문법과 표현: 'ㄹ' 탈락 → 24쪽 / 동-는 명 → 25쪽

사계절 four seasons　　곳 place　　팔다 to sell　　프로그램 program　　양복 suit　　남산 Namsan Mountain

읽기 2 한국 잡지입니다. 잘 읽고 맞는 것을 고르세요.

This is a Korean magazine. Read carefully and choose the correct statement.

저는 학교에 다녀요. 운동을 많이 해서 발이 자주 아파요. 그래서 편한 운동화를 많이 신어요. 모자도 자주 써요.

저는 요리사예요. **요리하는 곳이** 너무 더워서 두꺼운 옷을 안 입어요. 얇은 티셔츠하고 **긴** 바지를 입어요.

저는 컴퓨터 회사에서 프로그램을 **만드는 일**을 합니다. 우리 회사에서 **일하는 사람들**은 양복을 안 입고 편한 옷을 입습니다. 여름에는 짧은 바지도 입습니다. **긴** 치마를 입고 낮은 구두를 **신는 사람들**도 있습니다.

① 크리스는 두꺼운 옷과 긴 바지를 입어요.
② 에릭은 운동선수라서 매일 운동화를 신어야 돼요.
③ 소날의 회사에서 일하는 사람들은 편한 옷을 입어요.

 어떤 옷을 입을 거예요? 이야기해 보세요.

Talk about what you're going to wear for different occasions.

요즘 날씨가 좋아요. 그래서 이번 주 주말에 친구하고 같이 남산에 가려고 해요. 남산은 사람들이 많이 가는 산이에요. 저는 편한 바지를 입고 모자를 쓸 거예요.

준비
여러분은 뭘 자주 입어요? 메모해 보세요.
Write down or check off the things you often wear.

👕	☐ 편하다	☐ 두껍다	☐ 얇다	☐ 가볍다	☐ 따뜻하다 ☐ _____
👟	☐ 높다	☐ 낮다	☐ 편하다	☐ _____	
🧢	☐ 예쁘다	☐ 귀엽다	☐ 멋있다	☐ _____	
👜	☐ 크다	☐ 작다	☐ 비싸다	☐ 싸다	☐ _____
	☐ _____	☐ _____	☐ _____	☐ _____	

쓰기
**주말에 친구들을 만나려고 해요. 어떤 옷을 입고 싶어요?
메모를 보고 〔보기〕와 같이 써 보세요.**
You're planning on meeting up with friends on the weekend. What do you want to wear?
Look at your notes and write a passage as shown in the example.

> **보기**
> 제가 자주 입는 옷은 긴 원피스예요. 긴 원피스는 가볍고 예뻐서 좋아요. 하지만 이번 주 주말에는 친구들하고 등산을 할 거예요. 그래서 편한 티셔츠와 바지를 입으려고 해요. 운동화를 신고 모자도 쓸 거예요. 산 위에서 친구들하고 멋있는 사진을 많이 찍고 싶어요.

과제 (Task)

💬 **반 친구들을 인터뷰해 보세요.**
Interview your classmates.

1 친구들을 만나서 이야기해 보세요. 그리고 친구의 이름을 쓰세요.
Interview your classmates using the following questions and write down their names.

질문	친구 이름
아침에 고기를 먹어요?	엥흐
매일 맛있는 음식을 만들어요?	
_____?	

질문	친구 이름
커피숍에서 숙제를 해요?	
가방에 우산이 있어요?	
필통이 작고 귀여워요?	
_____?	

질문	친구 이름
서울대학교 기숙사에 살아요?	
집에서 한국 노래를 자주 들어요?	
_____?	

엥흐 씨, 아침에 고기를 먹어요?

네. 저는 아침에 고기를 먹어요.

2 인터뷰 내용을 쓰고 발표해 보세요.
Write down what you learned about your classmates and present it to the class.

1급 _____ 반 친구들 이야기

- 아침에 고기를 먹는 사람은 엥흐 씨예요.
  엥흐 씨는 고기를 좋아해요.

- _____.
  저는 _____ 씨가 만드는 한국 음식을 먹고 싶어요.

- 커피숍에서 _____ 사람은 _____ 씨하고 _____ 씨예요.
  _____ 씨는 커피숍에 자주 가요.

- 가방에 _____ 사람은 _____.
  그래서 가방이 항상 무거워요.

- _____.
  저도 작은 필통을 사고 싶어요.

- _____ 친구는 _____.
  집이 가까워서 걸어서 학교에 와요.

- _____ 사람은 _____ 씨하고 _____ 씨예요.
  한국 노래를 좋아해서 자주 들어요.

- ?

- ?

문화 Culture

어디에서 쇼핑해요?

한국 사람들은 백화점, 시장에서 쇼핑을 많이 해요.
그리고 지하철역과 가까운 지하상가에도 자주 가요. 옷이 싸고 좋아요.
요즘은 쇼핑, 식사, 놀이를 모두 할 수 있는 아웃렛이나 복합 쇼핑몰도 인기가 많아요.

아웃렛

쇼핑몰

백화점

시장

발음 Pronunciation

받침소리 [ㄷ]은 'ㄴ, ㅁ' 앞에서 [ㄴ]으로 발음합니다.
When the final consonant [ㄷ] comes in front of 'ㄴ, ㅁ,' it is pronounced as [ㄴ].

예) 가: 책을 많이 읽었네요.　　　　　가: 지금 교실에 있는 사람은 누구예요?
　　나: 네. 정말 재미있어요.　　　　　나: 에릭 씨하고 엥호 씨예요.

자기 평가 Self-Check

☐ 싸고 좋은 옷을 사고 싶어요. 어디에 가야 돼요?
☐ 여러분이 자주 입는 옷이 뭐예요? 왜 자주 입어요?
☐ 우리 반 친구들은 오늘 어떤 옷을 입었어요?

14

초대와 약속 Invitation & Plans

14-1 우리 집에 축구 보러 오세요
14-2 주스를 마시면서 기다리고 있어요

1 언제 친구들을 집에 초대해요?
2 한국에서 무슨 파티에 갔어요?

14-1 우리 집에 축구 보러 오세요
Come to my house to watch soccer

초대하다
우리 집에서 생일 파티를 해요.
우리 집에 오세요.

축하하다
생일 축하합니다 ♪♫

기쁘다

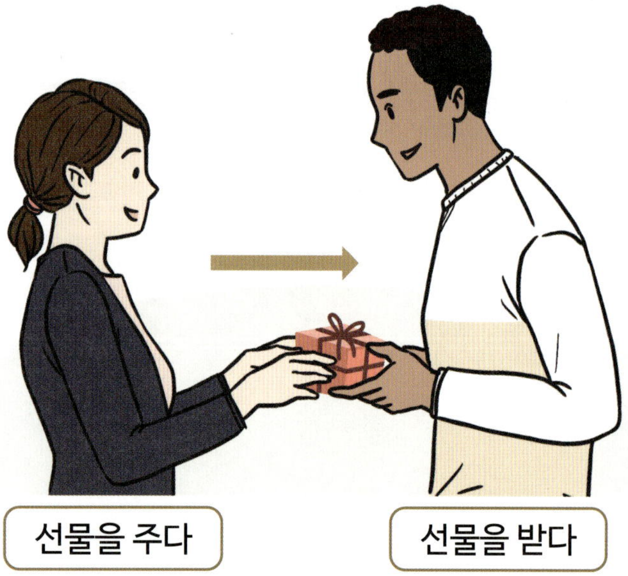

선물을 주다   **선물을 받다**

초대하다 to invite   축하하다 to congratulate   기쁘다 to be glad
선물을 주다 to give a gift   선물을 받다 to receive a gift

이야기해 보세요

▶ 생일에 무슨 선물을 받고 싶어요?
▶ 약속에 늦었어요. 어떻게 할 거예요?

식사하다 to eat   파티하다 to party   양복을 입다 to wear a suit   늦다 to be late

Speaking 14-1

말하기 1 친구와 연습해 보세요.
Practice with your partner.

가: 테오 씨, 수업 끝나고 시간이 있어요?
나: 네. 있어요. 그런데 왜요?
가: 저하고 이태원에 같이 갈 수 있어요?
   친구가 파티에 초대했어요.
   그래서 옷을 사러 가려고 해요.
나: 좋아요. 같이 가요.

1) 백화점 / 옷이 너무 크다 / 옷을 바꾸다
2) 도서관 / 시험 준비를 해야 되다 / 공부하다
3) 식당 / 너무 배고프다 / 밥을 먹다

말하기 2 친구와 연습해 보세요.
Practice with your partner.

가: 금요일에 제 생일 파티를 하려고 해요.
   아야나 씨도 올 수 있어요?
나: 네. 갈 수 있어요. 어디로 갈까요?
가: 6시까지 하나식당으로 오세요.
나: 좋아요. 금요일에 봐요.

1) 옆 반 친구들하고 농구하다 / 같이 하다 / 10시 / 학교 운동장
2) 친구들하고 식사하다 / 밥 먹으러 오다 / 12시 반 / 기숙사 앞
3) 피자를 만들다 / 도와주다 / 4시 / 우리 집

문법과 표현 동 -(으)러 가다/오다 ☞ 26쪽
        동 -(으)ㄹ 수 있다/없다 ☞ 27쪽

바꾸다 to change

말하기 3 친구와 이야기해 보세요.
Talk with your partner.

에릭: 나나 씨, 이번 주 토요일에 뭐 해요?

나나: 아직 약속이 없어요. 왜요?

에릭: 우리 집에 축구 보러 오세요. 한국 팀하고 호주 팀이 축구를 해요.
아야나 씨하고 크리스 씨도 올 거예요.

나나: 그래요? 저도 같이 봐요. 몇 시까지 갈까요?

에릭: 5시까지 우리 집으로 올 수 있어요?

나나: 네. 갈 수 있어요.

에릭: 좋아요. 그럼 토요일에 만나요.

발음
- 올 거예요 [올꺼예요]
- 갈 수 있어요 [갈쑤이써요]

1)

| 금요일 저녁 |
| 놀다 |
| 생일 파티를 하다 |
| 6시, 우리 집 |

2)

3)

팀 team

14-1. 우리 집에 축구 보러 오세요

준비 여러분은 언제 친구들을 초대해요?
When do you usually invite friends?

듣기 1 에릭과 나나의 대화입니다. 잘 듣고 맞으면 ○, 틀리면 ✕ 하세요.
This is a conversation between Eric and Nana. Listen carefully and write ○ for true and ✕ for false.

1) 여자는 토요일에 친구들을 집에 초대할 거예요. (　　)
2) 남자는 다른 약속이 있어서 놀러 갈 수 없어요. (　　)

 상황을 보고 친구를 초대해 보세요.
Look at the situation and invite your friends.

> 지난주에 이사해서 친구들하고 같이 밥을 먹으려고 해요.
> 5시에 서울식당에서 만날 거예요.

> 홍대에서 크리스마스 파티를 하려고 해요.
> 다음 주 금요일 저녁에 홍대입구역에서 만날 거예요.

내일 시간이 있어요?

네. 안 바빠요. 그런데 왜요?

지난주에 이사해서 친구들하고 같이 밥을 먹으려고 해요. 같이 갈 수 있어요?

네. 좋아요. 어디에서 먹을 거예요?

준비 친구에게 좋은 일이 있어요. 무슨 말을 하고 싶어요?
Something good happened to your friend. What do you want to say?

결혼 축하해요.

듣기 2 라디오 방송입니다. 잘 듣고 맞는 것을 고르세요.
This is a radio show. Listen carefully and choose the correct statement.

① 나나의 친구는 토요일에 결혼했어요.
② 나나의 친구는 노래 선물을 보냈어요.
③ 나나는 친구의 결혼식에 초대를 받았어요.

여러분은 무슨 선물을 주고 싶어요?
What kind of gift would you like to give for the following occasions?

이사하다 to move   결혼 wedding   결혼식 wedding ceremony

14-1. 우리 집에 축구 보러 오세요

주스를 마시면서 기다리고 있어요
I'm waiting while having juice

혼자 / 함께

근처

춤추다

친하다

오랜만이에요. 요즘 잘 지내지요?
네. 잘 지내요.

지내다

혼자 alone　　함께 together　　근처 nearby　　춤추다 to dance
친하다 to be close　　지내다 to spend (time)

이야기해 보세요

▶ 집 근처에 뭐가 있어요?
▶ 제일 친한 친구의 이름이 뭐예요?

들어오다

들어오세요.

들어가다

울다

웃다

들어오다 to come in   들어가다 to go in   울다 to cry   웃다 to laugh

읽기 14-2

준비 언제 파티를 해요? 파티에서 뭘 해요?
When is the party? What will you do at the party?

읽기 1 에릭과 제니의 메시지입니다. 잘 읽고 맞으면 ○, 틀리면 × 하세요.
These are text messages between Eric and Jenny. Read carefully and write ○ for true and × for false.

1) 에릭은 제니 집에 들어갔어요.　　　(　　)

2) 에릭은 친구들과 함께 주스를 마셨어요.　(　　)

| 문법과 표현 | 동 -고 있다 | 28쪽 |
| | 동 -(으)면서 | 29쪽 |

시작하다 to start

읽기 2 **다니엘의 이야기입니다. 잘 읽고 질문에 답해 보세요.**
This is a passage about Daniel. Read carefully and answer the questions.

우리 반 친구들은 정말 친합니다. 우리는 한 달에 한 번 같이 밥을 먹습니다. 지난주 토요일에는 우리 집에서 밥을 먹었습니다. 그래서 아침부터 바빴습니다. 과일과 음료수를 사러 마트에 갔습니다. 마트에서 음식도 샀습니다. 그리고 집에서 요리했습니다.

7시쯤에 친구들이 모두 왔습니다. 우리는 같이 게임을 **하면서** 맛있는 음식을 먹었습니다. 밥을 먹고 노래방에 갔습니다. **노래하면서** 춤도 췄습니다. 에릭 씨가 춤을 못 춰서 우리는 많이 웃었습니다. 정말 재미있는 하루였습니다.

1 다니엘은 토요일에 뭐 했어요? 순서대로 번호를 쓰세요.

(1)   (   )   (   )   (   )

2 맞는 것을 고르세요.

① 다니엘은 요리하면서 게임을 했어요.
② 다니엘은 지금 친구들을 초대하고 있어요.
③ 다니엘은 마트에서 과일하고 음료수를 샀어요.

친구를 인터뷰해 보세요.
Interview your classmates.

	친구 이름: _____	친구 이름: _____
언제 파티를 했어요?		
어디에서 파티를 했어요?		
뭐 하면서 놀았어요?		

한 달 one month   번 time(s)   마트 supermarket   노래하다 to sing

Writing 쓰기 14-2

준비 **언제 파티를 했어요? 메모해 보세요.**
When did you have a party? Write your notes about the following questions.

보기		메모
무슨 파티였어요?	생일 파티	
언제 했어요?	지난주 금요일	
어디에서 했어요?	우리 집	
누구를 초대했어요?	우리 반 친구들	
뭐 했어요?	맛있는 음식을 먹으면서 게임을 했어요.	
어땠어요?	아주 재미있었어요.	

쓰기 **파티가 어땠어요? 메모를 보고 보기 와 같이 써 보세요.**
How was the party? Look at your notes and write a passage as shown in the example.

> **보기** 지난주 금요일은 제 생일이었습니다. 저는 우리 반 친구들을 초대했습니다. 반 친구들 모두 우리 집에 놀러 왔습니다. 우리는 함께 맛있는 음식을 먹으면서 게임을 했습니다. 친구들이 선물도 줬습니다. 저는 선물을 많이 받아서 기뻤습니다. 아주 재미있는 하루였습니다.

Task 과제

활동지 154쪽

💬 **파티를 계획해 보세요.**
Plan a party.

1 친구들과 파티를 할 거예요. 카드를 하나 골라서 써 보세요.
You're going to have a party with your friends. Pick a card and write down the information.

1) 무슨 파티예요?

2) 언제 해요?

3) 어디에서 해요?

4) 누구를 초대해요?

5) 뭘 입어요?

6) 뭘 할 거예요?
   뭘 할 수 있어요?

7) _____?

14-2. 주스를 마시면서 기다리고 있어요

2 친구들과 같이 파티 포스터를 만들어 보세요. 무슨 파티에 가고 싶어요?
Design a flyer for a party with your friends. What kind of party would you like to attend?

문화 / Culture

● 한국 친구가 집에 초대했어요.

친구가 좋아하는 선물을 생각해 보세요. 그리고 작은 선물을 준비하세요.

신발을 신고 들어가지 마세요. 한국에서는 집 안에서 신발을 안 신어요.

친구가 이사하고 새집에 초대했어요? 세제하고 휴지를 선물해요. 친구가 부자가 될 거예요.

여러분 나라에서는 무슨 선물을 해요? 무슨 선물을 안 해요?

발음 / Pronunciation

'-(으)ㄹ' 뒤에 오는 'ㄱ, ㅅ'은 [ㄲ, ㅆ]로 발음합니다.
When 'ㄱ, ㅅ' come after '-(으)ㄹ,' they are pronounced as [ㄲ, ㅆ].

예) 가: 몇 시까지 올 수 있어요?
　　나: 5시까지 갈 수 있어요.

　　가: 오늘 뭐 할 거예요?
　　나: 친구 집에서 파티를 할 거예요.

자기 평가 / Self-Check

☐ 생일 파티를 하러 어디에 가고 싶어요?
☐ 어디에서 좋은 선물을 살 수 있어요?
☐ 친구가 약속 시간에 늦어요. 친구를 기다리면서 뭘 해요?

15

가족 Family

- **15-1** 아버지는 산에 자주 가세요
- **15-2** 부모님이 한국에 오실 거예요

1 이 사진은 무슨 사진이에요?
2 언니, 오빠, 형, 누나, 동생이 있어요?

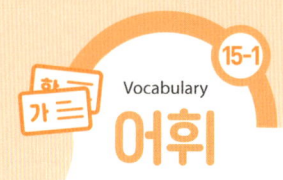

15-1 Vocabulary 어휘

아버지는 산에 자주 가세요

My father goes to the mountains often

가족

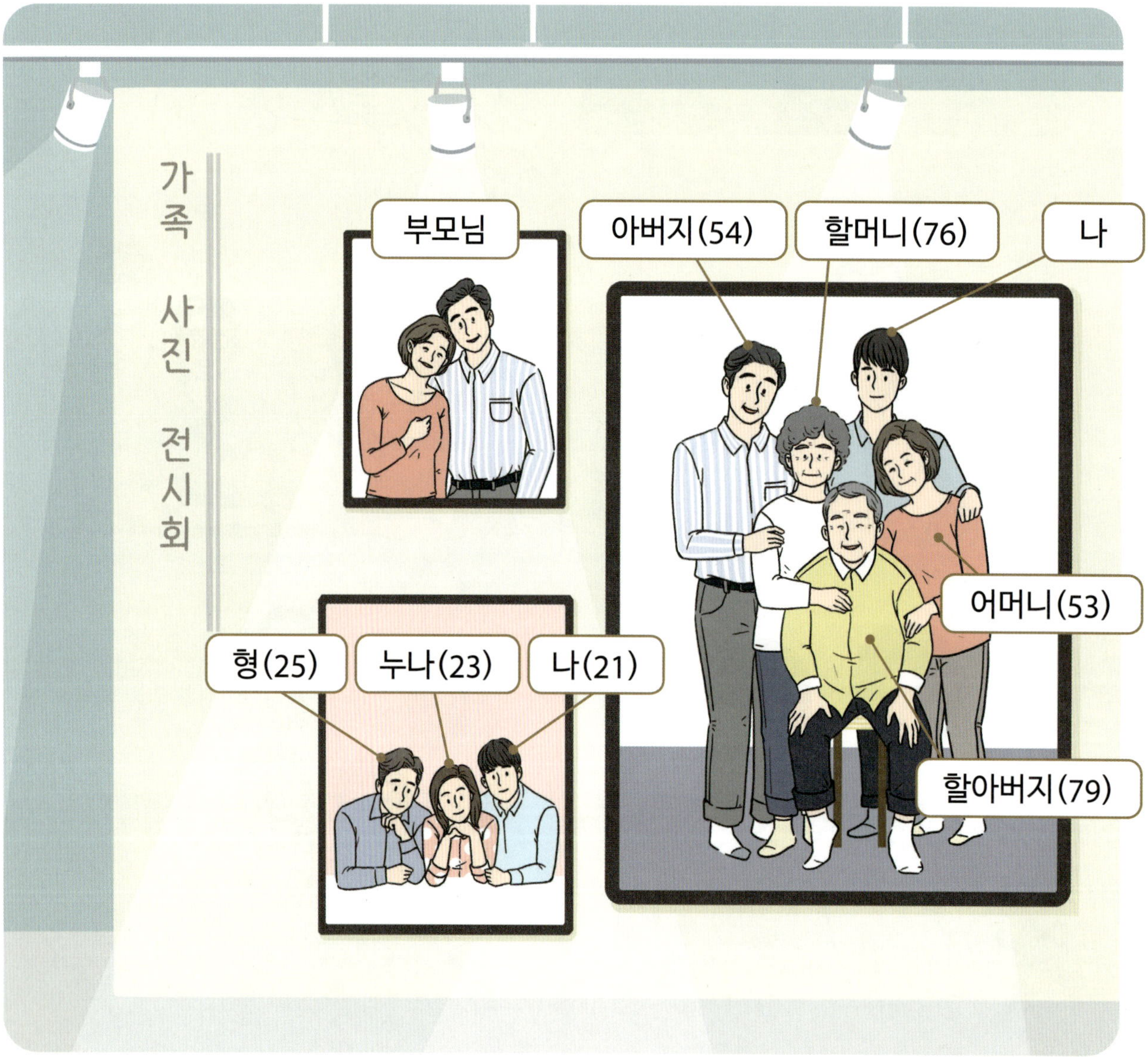

가족 사진 전시회
부모님
아버지(54)
할머니(76)
나
어머니(53)
할아버지(79)
형(25)
누나(23)
나(21)

가족 family	할아버지 grandfather	할머니 grandmother	아버지 father	어머니 mother
부모님 parents	형 older brother (male)	누나 older sister (male)	나 I (informal)	

이야기해 보세요

▶ 가족이 모두 몇 명이에요?

언니(24)   나(21)   오빠(25)   동생(19)

아내   남편

아들   딸

어머니

오빠 older brother (female)   언니 older sister (female)   동생 younger sibling
남편 husband   아내 wife   아들 son   딸 daughter

Speaking 15-1

말하기 1 친구와 연습해 보세요.
Practice with your partner.

가: 테오 씨, 이분은 누구세요?
나: 우리 아버지세요.
가: 아버지가 등산을 좋아하세요?
나: 네. 우리 아버지는 산에 자주 가세요.

1) 어머니
2) 할아버지
3) 할머니

말하기 2 친구와 연습해 보세요.
Practice with your partner.

가: 닛쿤 씨, 지금 뭐 해요?
나: 할머니께 메일을 보내고 있어요.
가: 그래요? 할머니가 컴퓨터를 잘하세요?
나: 네. 잘하세요.

1) 어머니	2) 친구	3) 사무실
꽃 사진을 보내다	선물을 보내다	메일을 쓰다
어머니가 꽃을 좋아하다	친구 생일이다	한국어로 써야 되다

문법과 표현: 동형 -(으)세요, 명(이)세요 ☞ 30쪽
명 한테/께 ☞ 31쪽

이분 this person (formal)   꽃 flower

120 서울대 한국어⁺ Student's Book 1B | 15. 가족

말하기 3 친구와 이야기해 보세요.
Talk with your partner.

유진: 닛쿤 씨, 가족이 몇 명이에요?
닛쿤: 네 명이에요. 아버지, 어머니하고 동생이 있어요. 유진 씨도 동생이 있어요?
유진: 네. 남동생이 한 명 있어요. 가족들은 모두 고향에 있어요.
닛쿤: 그래요? 유진 씨 고향은 어디예요?
유진: 강릉이에요. 서울에서 멀어서 자주 못 가요.
닛쿤: 그럼 부모님께 자주 전화해요?
유진: 네. 매일 영상 통화를 해요.
　　　어머니가 저를 많이 보고 싶어 하세요.

발음
- 강릉[강능]

1)

| 누나 |
| 프랑스 파리 |
| 부모님 |

2)

남동생 younger brother　　강릉 Gangneung

Listening 듣기 15-1

준비 가족과 언제 사진을 찍었어요? 사진을 보면서 이야기해 보세요.
When did you take a photo with your family? Look at the photo and share it with your classmates.

듣기 1 제니와 테오의 대화입니다. 잘 듣고 맞는 것을 고르세요.
This is a conversation between Jenny and Theo. Listen carefully and choose the correct statement.

① 남자는 형이 있어요.
② 남자는 지금 학교에 다녀요.
③ 남자는 할머니를 보고 싶어 해요.

💬 **이야기해 보세요.**
Practice talking to your partner.

친구 이름: _____

가족 중 누구하고 이야기를 제일 많이 해요?	
가족 중 누구한테 전화를 제일 자주 해요?	
생일에 가족한테 무슨 선물을 줬어요?	

특히 especially   중 among

준비 　**한국에서 누구하고 살고 있어요?**
Who are you living with in Korea?

듣기 2 　**방송 프로그램입니다. 잘 듣고 질문에 답해 보세요.**
This is a TV program. Listen carefully and answer the questions.

1 잘 듣고 맞으면 ○, 틀리면 × 하세요.
Listen carefully and write ○ for true and × for false.

　1) 여자는 러시아에 살고 있어요. (　　)　　　2) 여자는 고양이와 함께 살고 있어요. (　　)

2 잘 듣고 이어질 내용으로 맞는 것을 고르세요.
Listen carefully and choose the statement that best describes what is likely to happen next.

　① 남자와 여자가 서울에서 만나요.
　② 두 사람의 한국 생활 이야기를 봐요.
　③ 두 사람의 룸메이트와 이야기를 해요.

💬 **가족사진이 있어요? 사진을 보면서 이야기하세요.**
Do you have a family photo? Look at the picture and describe it to your partner.

> 제 룸메이트는 저한테 가족이에요.
> 우리는 같이 춤 연습도 하고
> 노래 연습도 해요.
> 제 친구도 가수가 되고 싶어 해요.
> 우리는 매일 같이 연습해요.

> 제가 제일 사랑하는 사람은
> 우리 할머니예요.
> 우리 할머니는 한국 사람이세요.
> 저한테 한국 이야기를 많이 하세요.
> 저는 할머니가 너무 좋아요.

고양이 cat　　되다 to become　　영상 video

15-2 Vocabulary 어휘

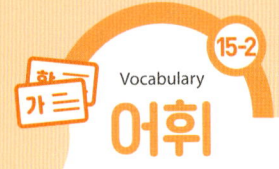

부모님이 한국에 오실 거예요

My parents are coming to Korea

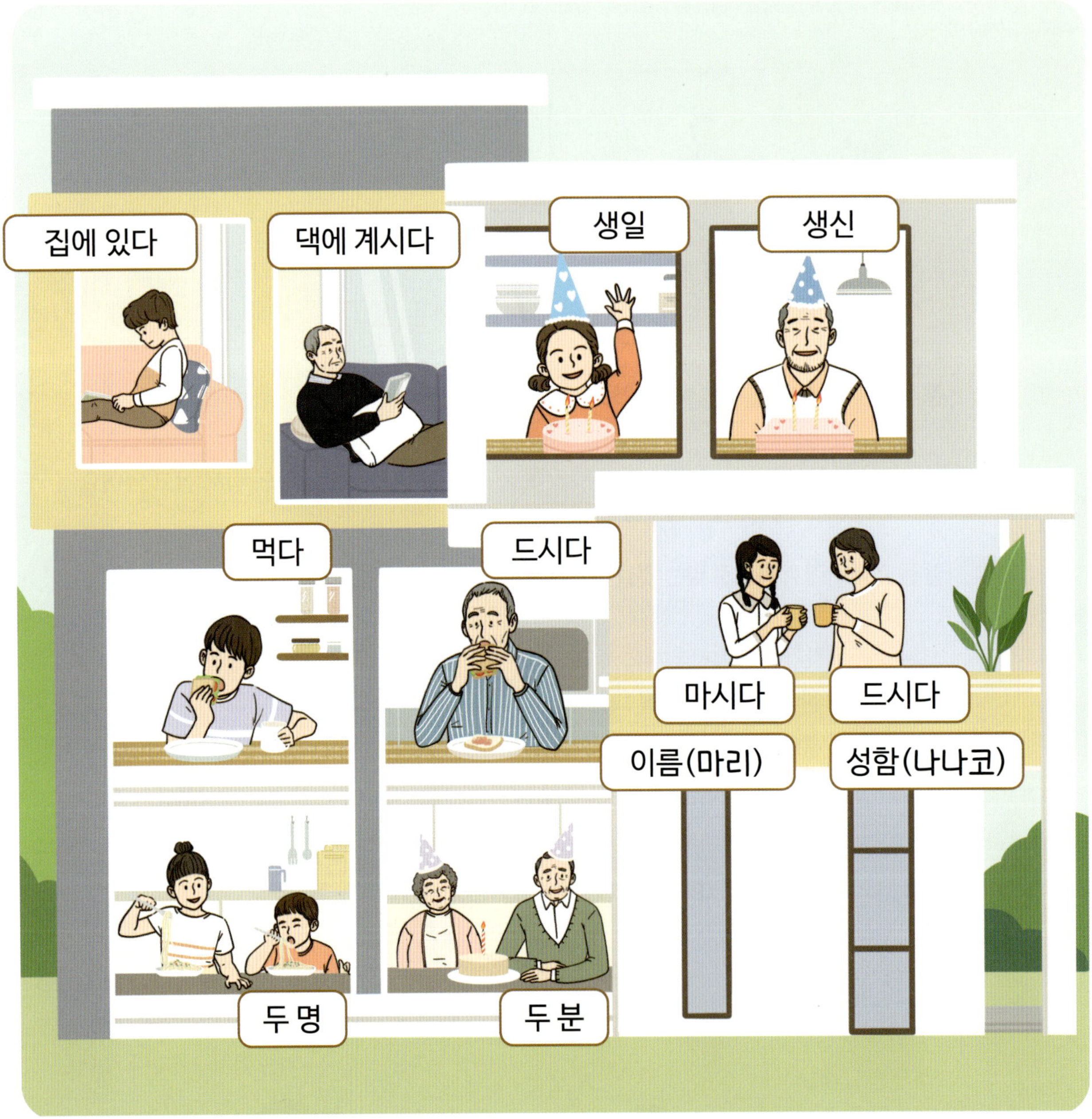

집에 있다
댁에 계시다
생일
생신
먹다
드시다
마시다
드시다
이름(마리)
성함(나나코)
두 명
두 분

생일 - 생신 birthday
집 - 댁 house
이름 - 성함 name
있다 - 계시다 to be
먹다 - 드시다 to eat
마시다 - 드시다 to drink
자다 - 주무시다 to sleep

이야기해 보세요

▶ 몇 살이에요?
▶ 요즘 무슨 음악을 자주 들어요?

듣다
자다   주무시다   걷다

나이  제 이름은 유라예요.
저는 열 살이에요.
우리 할아버지 연세는 일흔셋이세요.  연세

10	20	30	40	50	60	70	80	90	100
열	스물	서른	마흔	쉰	예순	일흔	여든	아흔	백

몇 살이에요?   스물하나예요.   아버지 연세가 어떻게 되세요?   쉰둘이세요.

명 – 분 person   나이 – 연세 age   걷다 to walk   듣다 to hear

Reading 읽기 15-2

준비 언제 가족이 보고 싶어요?
When do you miss your family?

읽기 1 닛쿤의 이야기입니다. 잘 읽고 맞는 것을 고르세요.
This is a passage about Nichkhun. Read carefully and choose the correct statement.

저는 노래를 좋아해서 자주 **들어요**. 어제도 공원에서 **걸으면서** 한국 노래를 **들었어요**. 요즘 제가 자주 **듣는** 노래는 '할머니의 김치찌개'예요. 그 노래를 **듣고** 할머니 생각을 했어요. 우리 할머니도 요리를 잘하세요. 저는 할머니의 요리를 정말 좋아해요. 할머니는 다음 달에 저를 보러 한국에 **오실 거예요**. 빨리 할머니를 보고 싶어요.

① 닛쿤은 노래를 들으면서 요리를 해요.
② 닛쿤의 할머니는 한국 음식을 좋아하세요.
③ 닛쿤의 할머니는 아직 한국에 안 오셨어요.

문법과 표현	동형 -(으)셨어요, 동 -(으)실 거예요	32쪽
	'ㄷ' 불규칙	33쪽

생각(을) 하다 to think

읽기 2 하이의 가족 소개입니다. 잘 읽고 질문에 답해 보세요.

This is Hai's family introduction. Read carefully and answer the questions.

우리 가족은 모두 네 명이에요. 부모님이 계시고 형이 한 명 있어요.

우리 아버지는 **기자셨어요**. 지금은 일을 안 하고 계세요. 아버지는 운동을 좋아하세요. 그래서 매일 공원에서 **걸으세요**. 정말 친절하고 재미있으세요.

우리 어머니는 수학 **선생님이셨어요**. 한국 음악하고 드라마를 좋아하세요. 그래서 한국어를 조금 하실 수 있어요.

우리 형은 컴퓨터 회사에 다녀요. 너무 바빠서 자주 못 만나요. 옛날에는 형하고 많이 싸웠지만 지금은 제일 좋은 친구예요.

우리 부모님은 이번 휴가에 저를 만나러 한국에 **오실 거예요**. 부모님과 한국에서 좋은 시간을 보내고 싶어요.

1 맞는 것을 고르세요.

① 부모님이 한국에 오실 거예요.
② 형하고 자주 싸워서 못 만나요.
③ 아버지는 요즘 많이 못 걸으세요.

2 부모님은 무슨 일을 하셨어요?

아버지는 _____.

어머니는 _____.

💬 **친구의 가족은 몇 명이에요? 친구의 가족 소개를 들어 보세요.**

How many members are in your partner's family? Please listen to your partner's family introduction.

가족이 모두 몇 명이에요?

_____ 은/는 무슨 일을 해요?

_____ 은/는 뭐를 좋아해요?

수학 mathematics   음악 music   싸우다 to fight   휴가 vacation   보내다 to spend

Writing 쓰기 15-2

준비 여러분 가족은 모두 몇 명이에요? 한 명을 소개해 보세요.
How many members are there in your family? Introduce one of your family members.

보기		메모
소개하고 싶은 사람	아버지(62)	
성함	하세가와 데쓰야	
무슨 일을 하세요?	요리사셨어요. 지금은 일을 안 하세요.	
주말에 뭘 하세요?	어머니하고 자주 여행을 가세요.	
뭐를 좋아하세요?	음악을 좋아하세요. 매일 음악을 들으세요.	

쓰기 메모를 보고 보기 와 같이 가족 소개를 써 보세요.
Look at your notes and write a family introduction as shown in the example.

> **보기**
> 우리 가족은 모두 네 명이에요. 제가 소개하고 싶은 가족은 우리 아버지예요. 아버지 성함은 하세가와 데쓰야세요. 우리 아버지는 예순둘이세요. 우리 아버지는 요리사셨어요. 지금은 집에서만 요리를 하세요. 우리 아버지는 어머니하고 자주 여행을 가세요. 지난여름에도 제주도에서 여행을 하셨어요. 아버지는 음악을 좋아하세요. 매일 음악을 들으세요. 저는 우리 아버지를 정말 사랑해요.

지난여름 last summer

미래의 가족을 소개해 보세요.
Introduce your future family.

1 여러분의 가족을 소개해 보세요.
Introduce your family members.

| 몇 명이에요? | 무슨 일을 하세요? | 어떤 분이세요? |

| 뭘 좋아하세요? | 지금 어디에 사세요? | 연세가 어떻게 되세요? |

가족이 몇 명이에요?

세 명이에요. 아버지가 계시고 오빠가 있어요.

아버지는 어디에 사세요?

아버지는 지금 고향에 계세요.

아버지는 뭘 좋아하세요?

아버지는 캠핑을 좋아하세요. 주말에 캠핑을 하러 가까운 캠핑장에 자주 가세요.

15-2. 부모님이 한국에 오실 거예요

2 여러분은 어떤 가족을 만들고 싶어요? 30년 후를 상상해서 메모해 보세요.
What kind of family would you like to have? Describe what your family is going to be like in 30 years.

| 몇 명이에요? | 누가 있어요? | 무슨 일을 해요? |
| 어떤 사람이에요? | 뭘 좋아해요? | 지금 어디에 살아요? |

20_____년 우리 가족

3 메모한 내용을 보고 발표해 보세요.
Look at your notes and present them to the class.

지금은 2050년이에요.
저는 아직 결혼을 안 했어요.
그래서 아내가 없지만 친구들이 많아요.
그리고 우리 집에 고양이 가족도 있어요.

지금은 2050년이에요.
저는 남편하고 아들이 있어요. 남편은 회사에 다녀요.
아들은 가수라서 너무 바빠요.
우리 아버지는 요리사셨어요.
지금은 식당에서 일을 안 하세요.
하지만 집에서 요리를 자주 하세요.
우리 아버지의 요리는 항상 맛있어요.
우리 가족은 같이 안 살지만 전화를 자주 해요.

문화 (Culture)

● 한국에서는 어른들께 두 손으로 물건을 드려요.

제가 선생님께 숙제를 드려요.

선생님이 저한테 책을 주세요.

친구가 저한테 지우개를 줘요.

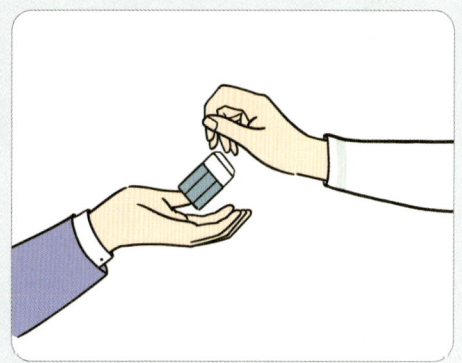

제가 친구한테 지우개를 줘요.

발음 Pronunciation

받침소리 [ㅁ, ㅇ] 뒤에 연결되는 'ㄹ'은 [ㄴ]으로 발음합니다.
When 'ㄹ' comes after the final consonants [ㅁ, ㅇ], it is pronounced as [ㄴ].

예) 가: 어디에서 친구를 만나요?   가: 한국어 능력 시험을 봐요?
　　 나: 종로에서 만날 거예요.　　나: 네. 이번 달에 보려고 해요.

자기 평가 Self-Check

☐ 가족이 몇 명이에요? 무슨 일을 해요?
　친구한테 가족 소개를 하세요.

☐ 부모님 생신에 부모님께 무슨 선물을 드리고 싶어요?

16

여행 Travel

- **16-1** 여기에서 사진을 좀 찍어 주세요
- **16-2** 시간이 있으면 여기에 꼭 가 보세요

1 이 사람들은 지금 뭐 하고 있어요?
2 어디로 여행 가고 싶어요?

16-1 여기에서 사진을 좀 찍어 주세요
Can you take a picture of me here?

- 돈을 바꾸다
- 여권
- 돈을 찾다
- 출발하다
- 도착하다

여권 passport 돈을 바꾸다 to exchange money 돈을 찾다 to withdraw money
출발하다 to depart 도착하다 to arrive

이야기해 보세요

▶ 어디에서 돈을 바꿔요?
▶ 언제 고향에 돌아갈 거예요?

호텔
빌리다
돌아오다
보이다
돌아가다

호텔 hotel   보이다 to be seen   빌리다 to rent
돌아오다 to come back   돌아가다 to go back

Speaking 16-1

말하기 1 친구와 연습해 보세요.
Practice with your partner.

가: 뭘 도와드릴까요?
나: 방 청소 좀 해 주세요. 3시쯤 돌아와요.
가: 아, 네. 알겠습니다. 몇 호세요?
나: 704호예요.

1) 큰 우산 좀 빌리다 / 밖에 비가 많이 오다
2) 문 좀 열다 / 카드 키가 방에 있다
3) 수건을 바꾸다 / 수건이 안 깨끗하다

말하기 2 친구와 연습해 보세요.
Practice with your partner.

가: 이 호텔은 정말 크고 깨끗하네요. 밖에 보이는 바다도 정말 예뻐요.
나: 정말 좋죠? 1층에 큰 수영장이 있네요.
가: 우리 지금 수영장에 가서 수영할까요?
나: 네. 좋아요.

1) 바다 옆에 산책하는 길이 있다 / 밖으로 나가다, 걷다
2) 근처에서 맛있는 음식을 팔다 / 거기에 가다, 맛있는 음식을 먹다
3) 호텔 옆 공원에서 자전거를 빌릴 수 있다 / 자전거를 빌리다, 타다

문법과 표현		
동 -아/어 주세요	☞	34쪽
동 -아서/어서	☞	35쪽

도와드리다 to help   알겠습니다 okay   호 room number   우산 umbrella   카드 키 card key   수건 towel

말하기 3 친구와 이야기해 보세요.
Talk with your partner.

테 오: 아야나 씨, 제주도에 잘 도착했어요?

아야나: 네. 잘 왔어요. 호텔에서 나와서 올레길에서 걷고 있어요.

테 오: 올레길 좋지요? 저도 작년에 갔어요.
그런데 많이 걸어야 돼서 조금 힘들었어요.

아야나: 맞아요. 힘들지만 바다도 예쁘고 날씨도 맑아서 기분이 좋네요.

테 오: 사진 많이 찍어서 나중에 저한테도 보여 주세요.

아야나: 네. 테오 씨도 방학 잘 보내세요.

테 오: 여행 잘하고 오세요.

발음
• 도착했어요 [도차캐써요]

1)
해운대
바다에서 음악을 듣다
사람이 너무 많아서 힘들다

2)
설악산

3)
불국사

나오다 to come out   올레길 Olle Trail   해운대 Haeundae   설악산 Seoraksan Mountain   불국사 Bulguksa Temple

Listening 듣기 16-1

준비 한국에서 어디로 여행 가고 싶어요?
Where do you want to travel in Korea?

듣기 1 다니엘과 아야나의 대화입니다.
잘 듣고 다니엘이 이야기하는 호텔의 그림을 모두 고르세요.
Listen to the conversation between Daniel and Ayana and select all the hotels Daniel is referring to.

①  ②  ③

④  ⑤  ⑥

친구하고 여행 가서 어디에서 자고 싶어요? ☑ 하고 여행 계획을 이야기해 보세요.
Where do you like to stay when traveling with a friend? Place a check mark in the box and share your travel plans.

☐  ☐  ☐  ☐

잠깐만 hang on   시내 city (downtown)

준비 어디가 더 좋아요? ☑ 하세요.

Place a check mark on the place where you like the most.

듣기 2 자밀라와 엥흐가 여행 이야기를 합니다. 잘 듣고 알맞은 것을 연결하세요.

Jamila and Enkh are talking about their travels. Listen carefully and match their travel plans.

1)
자밀라

2)
엥흐

㉮

㉯

㉰

ⓐ 시내 구경을 할 거예요.

ⓑ 백화점에 갈 거예요.

ⓒ 호텔에서 쉴 거예요.

 어떤 여행을 좋아해요? 친구하고 이야기해 보세요.

Discuss with your partner what kind of travel you prefer.

저는 구경을 많이 하는 여행을 좋아해요.

저는 여행 가서 푹 쉬고 싶어요.

저는 산이 있는 곳을 좋아해요.

저는 큰 백화점이 있는 곳으로 여행을 가고 싶어요.

시간이 있으면 여기에 꼭 가 보세요
If you have time, be sure to go here

- 한가하다
- 조용하다
- 아름답다
- 유명하다

 한가하다 to be tranquil   조용하다 to be quiet   아름답다 to be beautiful   유명하다 to be famous

이야기해 보세요

- 고향에서 무슨 음식이 유명해요?
- 여러분한테 제일 특별한 물건은 뭐예요?

특별하다

복잡하다

안내

적다

 특별하다 to be special　　**복잡하다** to be crowded　　**안내** guide　　**적다** to be few

Reading 읽기 16-2

준비 여러분은 한국에서 여행을 했어요? 어디가 좋았어요?
Have you traveled within Korea? What was your favorite place?

읽기 1 제니의 메일입니다. 잘 읽고 맞는 것을 고르세요.
This is Jenny's email. Read carefully and choose the correct statement.

📧 받은 메일함

✉️ 테오 씨, 저 제니예요.   🗑 삭제 ↩ 답장 ➡ 전달

테오 씨, 고향에 잘 도착했어요?
저는 경주를 여행하고 내일 집으로 돌아가려고 해요.
오늘 아침 일찍 불국사에 갔어요. 조용하고 한가해서 좋았어요. 불국사를 구경하고 경주 시내도 구경했어요. 경주는 정말 아름다운 곳이에요. 테오 씨도 한국에 **돌아오면** 경주에 꼭 **와 보세요**. 방학 잘 보내세요.
— 제니

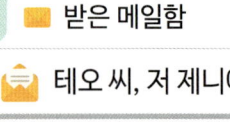

불국사에서

① 제니는 지금 경주에 있어요.
② 테오는 시간이 있으면 경주에 갈 거예요.
③ 제니는 테오하고 같이 여행을 하고 싶어 해요.

읽기 2 여행안내 사이트입니다. 잘 읽고 맞는 것을 고르세요.
This is a travel guide website. Read carefully and choose the correct statement.

한국에서 유명한 곳! 여기에서 특별한 여행을 해 보세요!

제주도 한라산

제주도에 **가면** 친구들과 한라산에 한번 **가 보세요**. 한라산은 한국에서 제일 높은 산이에요. 산 위에 올라가서 아름다운 경치를 **구경해 보세요**.

한라산 Hallasan Mountain   한번 try something out   올라가다 to go up   강원도 Gangwon-do   경치 view

 부산에 **가면** 해운대에 한번 **가 보세요**. 해운대 바다는 정말 유명해요. 여름 바다도 예쁘지만 겨울 바다도 정말 멋있어요. 생선회도 꼭 **먹어 보세요**.

부산 해운대

강원도 설악산 등산을 **좋아하면** 설악산에 한번 **가 보세요**. 서울에서 고속버스를 **타면** 두 시간쯤 걸려요. 가깝고 좋아요. 케이블카도 탈 수 있어요.

① 한라산 위에 올라가면 아름다운 경치를 볼 수 있어요.
② 해운대에 겨울에 가면 맛있는 생선회를 먹을 수 있어요.
③ 설악산에 케이블카를 타고 올라가면 두 시간쯤 걸려요.

☑ **하고 친구하고 이야기해 보세요.**
Place a check mark in the box and practice talking to your partner.

1 누구와 여행을 가고 싶어요?

2 어디로 가고 싶어요?

3 어떻게 가고 싶어요?

생선회 raw fish   고속버스 express bus   케이블카 cable car

문법과 표현 동형 -(으)면 ☞ 36쪽
         동 -아/어 보세요 ☞ 37쪽

Writing 쓰기 16-2

준비 **여러분은 어디로 여행을 가고 싶어요? 메모해 보세요.**
Where do you want to travel? Write your notes about the following questions.

보기		메모
언제 갈 거예요?	여름	
어디로 가려고 해요?	부산 해운대	
뭘 할 거예요?	수영, 시장 구경	
뭘 먹으려고 해요?	생선회	
거기가 어때요?	바다가 아름다워요.	

쓰기 **메모를 보고 여러분의 여행 계획을 보기 와 같이 써 보세요.**
Look at your notes and write down your travel plans.

> **보기**
> 저는 여름에 부산에 갈 겁니다. 먼저 부산 해운대 바다에 가려고 합니다. 거기 바다가 아주 아름답습니다. 저는 수영을 좋아해서 꼭 가고 싶습니다. 저녁에는 유명한 시장에 가서 구경도 하고 맛있는 생선회도 먹을 겁니다.
>
> 다음 날 해운대 바다 근처에서 산책을 하고 싶습니다. 음악을 들으면서 걸을 겁니다. 그리고 멋있는 사진을 많이 찍을 겁니다.

다음 날 next day

과제 (Task)

💬 **여러분 고향에서 유명한 곳을 소개해 보세요.**
Introduce famous places in your hometown.

1 친구가 여러분의 고향에 갈 거예요. 여러분의 고향에 대해서 써 보세요.
Your classmate is going to visit your hometown. Write about your hometown by answering the questions below.

고향이 어디예요?	☐	
언제 날씨가 좋아요?	☐ _____월부터 _____월까지	
무슨 음식이 유명해요?	☐	☐
어디에서 멋있는 사진을 찍을 수 있어요?	☐	☐
친구하고 뭐 하면 좋아요?	☐	☐

2 메모를 보고 여러분의 고향에 대해서 보기 와 같이 써 보세요.
Look at your notes and write about your hometown as shown in the example.

> **보기**
> 닭갈비를 한번 먹어 보세요!
> 닭갈비는 아주 유명한 음식이에요. 제 고향 춘천에서는 이걸 많이 먹어요.

_____ 에 한번 와 보세요!

① _____ 을/를 한번 먹어 보세요!
② _____ 에서 사진을 한번 찍어 보세요!
③ _____ 을/를 한번 해 보세요!
④ _____ 을/를 한번 _____ !
⑤ _____ !

3 어떤 친구의 고향에 가고 싶어요? 친구의 고향에 대해서 질문해 보세요.
Ask about your classmates' hometown. Whose hometown do you want to go to?

4 누구의 고향에 가고 싶어요? 가장 가고 싶은 곳에 대해서 이야기해 보세요.
Share with your classmates whose hometown you would most want to go to.

- 가고 싶은 곳이 어디예요?
- 무슨 음식이 맛있어요? 유명한 식당이 있어요?
- 제일 먼저 어디에 가면 좋아요?
- 어디에 가면 멋있는 사진을 찍을 수 있어요?
- 부모님하고 같이 가면 뭐를 할 수 있어요?
- _____?

저는 테오 씨의 고향에 가고 싶어요.
테오 씨의 고향은 _____ 이에요/예요.
저는 혼자 하는 여행을 좋아해요.

한국에서 특별한 경험을 하고 싶어요?

여행을 가면 호텔, 게스트 하우스에서 지낼 수 있어요. 그리고 특별한 숙소도 있어요.

1) 한옥 스테이

서울 북촌 한옥 마을, 전주에는 한옥이 많아요. 거기에서 쉬면서 여행할 수 있어요.

2) 템플 스테이

한국의 절에서도 지낼 수 있어요. 사람이 없고 조용해서 좋아요.

자료 제공: 한국불교문화사업단

→ 여러분 나라에도 특별한 숙소가 있지요? 어떤 숙소가 있어요?

발음 / Pronunciation

받침소리 [ㄱ]이 'ㅎ'과 결합되는 경우에 [ㅋ]으로 발음합니다.
If the final consonant sound [ㄱ] is combined with 'ㅎ,' then it's pronounced as [ㅋ].

예) 가: 언제 서울에 도착해요?
　　나: 8시에 도착해요.

　　가: 2급 수업이 언제 시작해요?
　　나: 다음 달에 시작해요.

자기 평가 / Self-Check

- ☐ 시간이 있으면 어디로 여행 가고 싶어요?
- ☐ 날씨가 좋으면 뭘 하고 싶어요?
- ☐ 친구가 여러분 고향에 가요. 뭘 하면 좋아요?

서울대 한국어+

1B

부록 Appendix

- 활동지 Activity Sheets
- 번역 Translation
- 듣기 지문 Listening Script
- 모범 답안 Answer Key
- 어휘 색인 Glossary

9. 병원

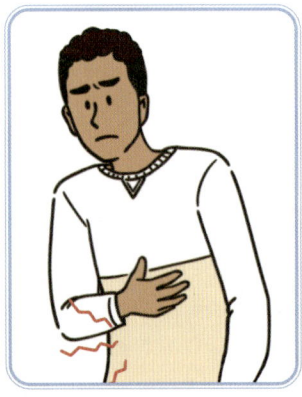  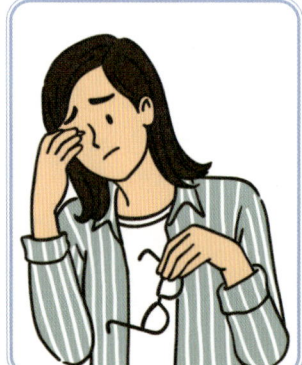 

 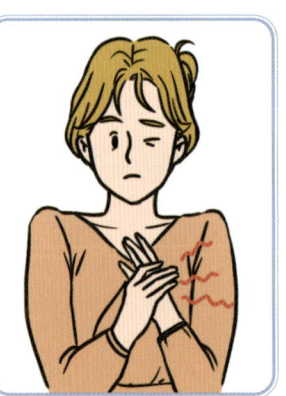

10. 한국 생활

뉴스 제목: ⟨　　　　　　　　　　　　　　　　　⟩

안녕하세요? 저는 ＿＿＿ 기자입니다.
이름이 무엇입니까?　➡

➡

➡

➡

네. 인터뷰 감사합니다.

뉴스 제목: ⟨　　　　　　　　　　　　　　　　　⟩

안녕하세요? 저는 ＿＿＿ 기자입니다.
이름이 무엇입니까?　➡

➡

➡

➡

네. 인터뷰 감사합니다.

11. 교통

	1) 언제?	2) 어디로?	3) 누구하고?	4) 어떻게?
⚀	지난주 토요일	경주	친구	🚢
⚁	겨울	부산	혼자	🚲
⚂	5월	제주도	부모님	✈️
⚃	크리스마스	수원	가수 ___ 씨	🚶
⚄	방학	춘천	강아지	🚆
⚅	제 생일	전주	곰 인형	🚐

12. 전화

친구 1	친구 2
오늘 같이 농구를 못 합니다. 다리가 아프고 피곤합니다.	친구가 같이 농구를 못 합니다. "왜 못 해요?" 물어보세요. 그리고 친구 1을 도와주세요.

친구 1	친구 2
오늘 나나 씨의 생일 파티를 합니다. 친구를 파티에 초대하세요.	나나 씨 생일 파티에 가고 싶지만 아르바이트를 해야 됩니다. 그래서 파티에 못 갑니다.

친구 1	친구 2
오늘 배가 아파서 학교에 못 갔어요. 그래서 숙제를 몰라요. 숙제를 물어보세요.	친구가 학교에 안 왔어요. 걱정했어요. 숙제를 말하세요.

학생 1	선생님
고향에서 친구가 한국에 와요. 공항에 가야 돼요. 그래서 학교에 못 가요.	학생 1이 학교에 안 와요. "왜 안 와요?" 물어보세요. 오늘 12과를 공부할 거예요. 숙제가 있어요. 숙제를 말하세요.

김 선생님	학생 2
오늘 엥흐 씨가 학교에 안 왔습니다. 그런데 엥흐 씨의 전화번호를 모릅니다. 전화번호를 물어보세요.	엥흐 씨의 전화번호를 이야기하세요. 전화번호: 010-0880-5488

손님	식당 직원
주말에 친구들하고 파티를 합니다. 식당에 "방이 있어요?" 물어보세요.	식당에 방이 하나 있습니다. "몇 시부터? 몇 명?" 물어보세요.

14. 초대와 약속

카드를 보지 마세요! 뒤집어서 하나만 고르세요.
Don't look at the cards! Flip them over and pick only one.

피자 파티	영화 파티	K-pop 파티	등산 파티	한국 음식 파티
첫눈 오는 날	이번 주 토요일 오후 7시	내일 아침 7시	1급 끝나는 날	이번 주 일요일 오후 1시
관악산 위에서	한강공원에서	교실에서	우리 반에서 제일 키가 큰 친구의 집에서	온라인에서
다른 약속이 없는 사람	남자/여자 친구가 없는 사람	춤을 출 수 있는 사람	배고픈 사람	영화를 좋아하는 사람
예쁜 한복	잠옷	편한 옷과 신발	얇은 옷	요즘 한국 사람들이 많이 입는 옷

Translation
번역

말하기 Speaking

9. 병원 Hospital

① 가: Eric, did you hurt your leg?
   나: Yes, my leg hurts a little.
   가: Did you go to the hospital?
   나: No, I'm going to go today.

② 가: Hai, do you want to do homework after class today?
   나: Sorry, I want to rest at home today. My stomach's hurting.
   가: Since when did it hurt?
   나: This morning.

③ Jenny: Daniel, why aren't you at school today?
   Daniel: Because my stomach's been hurting a lot since last night.
   Jenny: Did you go to the hospital?
   Daniel: No, I want to go as soon as possible, but I can't by myself.
   Jenny: Should I go with you?
   Daniel: Yes, thank you so much.

10. 한국 생활 Korean Life

① 가: Hello, everyone. I'm Eric, and I'm French. I'm attending graduate school now. Nice to meet you.

② 가: Hello. I'm Haewon Jung, and I'm a competitive swimmer.
   나: How long do you usually practice swimming per day?
   가: I swim about 8 hours every day.
   나: Do you go to the swimming pool on the weekends too?
   가: Yes, I practice every day.

③ Theo: Hello. I'm Theo, and I'm Brazilian. My girlfriend is Korean, so that's why I'm studying the Korean language. I can't speak Korean very well, but studying Korean is fun. I go to the student cafeteria to eat with my friends after Korean class. Also, I go to the park to take a walk. I really like my life in Korea.

11. 교통 Transportation

① 가: Does this bus go to Gangnam Station?
   나: No, it doesn't go to Gangnam Station. Take the bus from over there.
   가: Thank you.

② 가: Where are you going on your break?
   나: I'm going to Gyeongju.
   가: Are you going to take the train?
   나: Yes, that's why I'm going to book the train tickets this afternoon.

③ Theo: What are you going to do during this break?
   Jenny: I'm going to the Yeouido with a friend. We're planning on seeing the festival in Yeouido.
   Theo: Oh, I want to go too.
   Jenny: Really? Do you want to join us?
   Theo: Sure. How do you get to Yeouido?
   Jenny: Take the 503 bus from Seoul Station. That bus goes to Yeouido.

12. 전화 Telephone

① 가: Hello, Daniel? It's me, Nana. How are you?
   나: Oh, Nana. Long time no talk. I'm doing well.
   가: Are you still busy these days?
   나: Yes, I'm a bit busy.

② 가: Theo, what day is your cooking class?
   나: It's on Friday.
   가: How's the cooking class?
   나: It's a bit difficult, but it's fun.

③ Hai: Hello? Anna, are you free to talk?
   Anna: Sure. What's the matter?
   Hai: Your art exhibition is until Sunday, right?
   Anna: Yes, it's until this Sunday. Why do you ask?
   Hai: I'm busy at work. I really want to go, but I can't. I'm sorry.
   Anna: Really? It's fine. I'll take a lot of photos of the exhibition and show you.

13. 옷과 외모 Clothes & Appearances

① 가: Is this bag yours, Eric? It looks cool.
   나: Cool, right? I got it on sale.
   가: Where did you buy it?
   나: I bought it in Myeong-dong.

② 가: Anna, your clothes are so pretty.
   나: Thanks. I bought them yesterday at Gangnam Station.
   가: Really? There are clothing stores in Gangnam Station?
   나: Yes. There are a lot of inexpensive and pretty clothes.

③ Jenny: Theo brought his girlfriend to the party today.
   Nichkhun: Do you know Theo's girlfriend?
   Jenny: Yes, he showed me a picture of her on his cell phone.
   Nichkhun: Really? Who's his girlfriend?

Jenny: The tall woman with long hair over there.

Nichkhun: Is she wearing a hat?

Jenny: No, she's not wearing a hat. She's next to Theo now.

14. 초대와 약속 Invitation & Plans

① 가: Theo, do you have some time after class?

나: Yes, I do. Why do you ask?

가: Can you go to Itaewon with me? A friend invited me to a party, so I want to buy some clothes.

나: Okay, let's go.

② 가: I'm planning on having my birthday party on Friday. Can you come, Ayana?

나: Yes, I can come. Where should I go?

가: Come to Hana Restaurant by 6 pm.

나: Ok, I'll see you on Friday.

③ Eric: Nana, what are you doing this Saturday?

Nana: I don't have plans yet. Why do you ask?

Eric: Come to my house to watch the soccer match between Korea and Australia. Ayana and Chris are going to come too.

Nana: Really? I'll join. What time should I come?

Eric: Can you come to my house by 5 pm?

Nana: Yes, I can.

Eric: Okay, I'll see you on Saturday.

15. 가족 Family

① 가: Theo, who is this person?

나: He's my father.

가: Does your father like to hike?

나: Yes, my father goes to the mountain often.

② 가: Nichkhun, what are you doing now?

나: I'm sending an email to my grandmother.

가: Really? Is your grandmother good with computers?

나: Yes, she's good.

③ Yujin: Nichkhun, how many people are in your family?

Nichkhun: Four. I have a father, mother, and younger sibling. Do you have a younger sibling?

Yujin: Yes, I have one younger brother. The rest of my family lives in our hometown.

Nichkhun: Really? Where's your hometown?

Yujin: Gangneung. It's far away from Seoul, so I can't go often.

Nichkhun: Do you call your parents often?

Yujin: Yes, I make video calls every day. My mother misses me a lot.

16. 여행 Travel

① 가: What can I help you with?

나: Can you clean my room? I'll be back around 3 pm.

가: Oh, sure. What's your room number?

나: It's 704.

② 가: This hotel is really big and clean. The outdoor view of the beach is really pretty.

나: It's nice, right? There's a big pool on the first floor.

가: Do you want to go swimming in the pool now?

나: Sure.

③ Theo: Ayana, did you safely arrive in Jeju Island?

Ayana: Yes, I did. I left the hotel, and I'm walking on the Olle Trail.

Theo: Isn't the Olle Trail nice? I was there last year. But it was a bit hard because I had to walk a lot.

Ayana: Right. It's hard, but I feel good because the beach is pretty, and the weather's clear.

Theo: Take plenty of pictures and show them to me.

Ayana: Okay. Hope you have a wonderful break, Theo.

Theo: Have a wonderful trip.

문화 Culture

9. 병원 Hospital

Buy medicine at the pharmacy.

Get the prescription from the hospital and buy the medicine at the pharmacy.
Even if you don't have a prescription, you can buy some medicine at the pharmacy or convenience store.

10. 한국 생활 Korean Life

Do you know about Korean university festivals?

University festivals are held in the spring and fall. The weather is wonderful during those seasons.
They offer lots of good food and performances. Festivals are very enjoyable.

11. 교통 Transportation

Where do you wait for the bus?

There are "Smart Shelters" in Korea. You can wait there while looking at the bus arrival times.
At these bus stations, there is free Wi-Fi and cell phone chargers. You can wait for the bus comfortably at the Smart Shelter, where it is cool in the summer and warm in the winter.

12. 전화 Telephone

Here are useful numbers that can help you.

You're sick and need to go to the hospital. First, call 1339.
Do you want to travel in Korea? Call 120.

13. 옷과 외모 Clothes & Appearances

Where do you go shopping?

Koreans usually shop at the department store and market.
They also go to the subway station and underground shopping malls to buy affordable clothes.
Lately, outlets and mega-complex shopping malls that offer shopping, restaurants, and activities are popular.

14. 초대와 약속 Invitation & Plans

A Korean friend invited me to their house.

Think of a gift your friend would like.
And prepare a small gift.

Don't go inside with your shoes on.
Koreans do not wear shoes inside the house.

Did your friend invite you to the house they recently moved into?
Give detergent and toilet paper as gifts for prosperity.

What kind of housewarming gifts do you give in your country? What gifts do you avoid?

15. 가족 Family

Koreans use both hands when giving things to elders.

I'm giving my homework to the teacher.
The teacher is giving me a book.
My friend is giving me an eraser.
I'm giving an eraser to my friend.

16. 여행 Travel

Do you want to have a unique experience in Korea?

You can stay at a hotel or guesthouse during your trip. There are unique accommodations too.

1) Hanok Stay
  There are many hanoks in Seoul Bukchon Hanok Village and Jeonju. You can rest there while traveling.

2) Temple Stay
  You can stay at a Korean temple too. There are not many people, so it's nice and quiet.

Are there unique accommodations in your country? Please share.

9. 병원 Hospital

❶ 1) 남: 어떻게 오셨어요?
   여: 머리가 아프고 귀도 좀 아파요.

2) 여: 지금도 팔이 아파요?
   남: 아니요. 괜찮아요. 지금은 안 아파요.
   여: 다리는 어때요?
   남: 다리는 아직 많이 아파요. 그래서 오늘 농구를 못 해요.

3) 남: 어떻게 오셨어요?
   여: 배가 많이 아파요.
   남: 언제부터 아팠어요?
   여: 어젯밤부터요.

4) 여: 너무 피곤해요.
   남: 요즘도 바빠요?
   여: 네. 계속 컴퓨터를 해요. 그래서 눈이 좀 아파요.

❷ 여: 요즘 시험도 많고 학교 공부도 좀 어려워요. 그래서 머리가 자주 아파요.
   남: 그래요? 약은 먹었어요?
   여: 네. 약도 먹고 병원에도 갔어요.
   남: 지금은 어때요?
   여: 조금 괜찮아요. 약 먹고 계속 집에만 있었어요.
   남: 시험은 다 끝났어요?
   여: 네. 어제 끝났어요.
   남: 그럼 주말에 저하고 같이 산에 갈까요? 등산도 하고 산도 구경해요.
   여: 고마워요. 하지만 이번 주에는 집에서 쉬고 싶어요. 다음 주는 어때요?
   남: 네. 좋아요. 다음 주 토요일에 같이 가요.

10. 한국 생활 Korean Life

❶ 여: 안녕하세요? 저는 마리입니다. 일본 사람입니다.
   남: 안녕하세요? 마리 씨는 회사에 다닙니까?
   여: 아니요. 저는 학생입니다. 서울대학교에서 한국어를 배웁니다.
   남: 그래요? 한국어를 잘합니까?
   여: 지금 1급입니다. 아직 한국어를 잘 못합니다.

❷ 여1: 내일부터 대학생들의 여름 방학입니다. 한국 대학생들은 방학에 아르바이트를 많이 합니다. SNU 뉴스에서 대학생들의 아르바이트 계획을 인터뷰했습니다.
   남1: 저는 집 근처 카페에서 아르바이트하고 싶습니다. 커피도 만들고 손님하고 이야기도 하고 싶습니다.
   여2: 저는 대학교에서 영화를 공부합니다. 영화를 아주 좋아하고 자주 봅니다. 그래서 저는 영화관에서 아르바이트하고 싶습니다.

11. 교통 Transportation

❶ 여: 에릭 씨, 집이 어디예요?
   남: 저는 서울대학교 기숙사에 살아요.
   여: 그래요? 그럼 걸어왔어요?
   남: 아니요. 기숙사 앞에서 버스를 타고 왔어요.
   여: 버스가 있어요?
   남: 네. 학교 버스가 있어요.

❷ 남: 제니 씨, 오늘 저녁에 뭐 해요?
   여1: 집에서 쉬려고 해요. 닛쿤 씨는요?
   남: 저도 밥 먹고 쉴 거예요.
   여2: 이번 역은 사당, 사당입니다. 내리실 문은 오른쪽입니다.
   여1: 아, 사당역이에요.
   남: 제니 씨, 여기에서 내려요?
   여1: 네. 여기에서 4호선으로 갈아탈 거예요.
   남: 그럼 내일 학교에서 만나요.
   여1: 내일 봐요.

12. 전화 Telephone

❶ 1) 남: 나나 씨, 사무실 전화번호 알지요?
   여: 네. 알아요. 2404-1453이에요.
   남: 2404-1453 맞아요?
   여: 네. 맞아요.
   남: 고마워요.

2) 여: 여보세요? 거기 서울식당이지요?
   남: 아니에요. 여기는 노래방이에요.
   여: 6778-5432 아니에요?
   남: 아니에요. 여기는 6778-5431이에요.
   여: 죄송합니다.

❷ 여: 여보세요? 에릭 씨 휴대폰이지요?
   남: 네. 실례지만 누구세요?
   여: 에릭 씨, 저 나나예요.
   남: 어, 나나 씨?
   여: 이 휴대폰은 제 친구 전화예요. 제 휴대폰 배터리가 없어요.
   남: 아, 네. 무슨 일이에요?
   여: 아침에 제가 메시지를 보냈어요. 받았어요?
   남: 그래요? 아직 못 봤어요.
   여: 오늘 저녁에 우리 반 친구들하고 같이 불고기를 먹으려고 해요. 에릭 씨도 불고기를 좋아하지요? 우리 같이 가요.
   남: 음, 가고 싶지만 오늘은 약속이 있어요. 그래서 못 가요.
   여: 그래요? 그럼 다음에 꼭 같이 가요. 내일 학교에서 만나요.

13. 옷과 외모 Clothes & Appearances

❶
여: 와, 이거 민우 씨 사진이에요?
남: 네. 제 사진이에요. 친구하고 강아지하고 같이 찍었어요.
여: 우아, 정말 귀여워요. 민우 씨 머리가 아주 길었네요.
남: 네. 지금은 좀 짧지만 전에는 길었어요.
여: 친구도 정말 귀엽고 예쁘네요. 그런데 강아지 이름은 뭐예요?
남: 김치예요.
여: 네? 김치요? 하하, 정말 재미있네요.

❷
남: 이 사진은 우리 반 친구들 사진입니다. 지난주에 언어교육원 앞에서 찍었습니다. 키가 큰 사람은 에릭 씨입니다. 에릭 씨는 안경을 썼습니다. 에릭 씨 옆에는 안나 씨가 있습니다. 안나 씨는 매운 음식을 좋아합니다. 우리는 어제도 매운 떡볶이를 먹으러 갔습니다. 테오 씨는 항상 모자를 씁니다. 아주 재미있는 친구입니다. 머리가 짧은 여자는 마리 씨입니다. 우리를 많이 도와줍니다. 정말 친절한 사람입니다. 한국에서 좋은 친구들을 많이 만나서 정말 좋습니다.

14. 초대와 약속 Invitation & Plans

❶
여: 여보세요? 에릭 씨, 저 나나예요.
남: 아, 나나 씨.
여: 이번 주 토요일에 시간이 있어요?
남: 저녁에는 괜찮아요. 왜요?
여: 제가 이사를 해서 친구들을 집에 초대하려고 해요. 에릭 씨도 우리 집에 놀러 오세요.
남: 아, 좋아요, 몇 시까지 가야 돼요?
여: 6시까지 올 수 있어요?
남: 음, 그런데 토요일에 약속이 있어서 30분쯤 늦을 거예요. 괜찮아요?
여: 네. 천천히 오세요.

❷
남: 여러분 안녕하세요? '관악산의 아침'입니다. 오늘도 여러분의 메시지가 많이 왔네요. 서울에 사는 나나 씨의 메시지입니다.

제 한국 친구 유라 씨가 다음 주 토요일에 결혼을 할 거예요. 친구가 저를 결혼식에 초대했어요. 친구가 좋은 사람을 만나서 저는 정말 기뻐요. 그래서 노래 선물을 하고 싶어요.

네. 나나 씨의 문자 메시지 감사합니다.
나나 씨는 정말 좋은 친구네요.
유라 씨, 결혼을 축하합니다. 이 노래를 같이 들을까요?

15. 가족 Family

❶
남: 제니 씨는 가족이 몇 명이에요?
여: 부모님하고 오빠하고 저, 이렇게 네 명이에요. 테오 씨는요?
남: 할머니하고 부모님, 그리고 동생이 있어요. 동생은 학생이에요.
여: 그래요? 가족이 많이 보고 싶지요?
남: 네. 특히 할머니가 많이 보고 싶어요. 요즘 할머니 건강이 좀 안 좋으세요. 그래서 할머니께 자주 전화해요.

❷
남1: 오늘은 서울에 살고 있는 외국인 분들의 가족 이야기를 하려고 합니다. 그럼 먼저 안나 이바노프 씨입니다.
여: 안녕하세요? 저는 서울에 사는 안나입니다. 제 가족은 모두 러시아에 있습니다. 하지만 한국에도 가족이 있습니다. 바로 우리 레오입니다. 레오는 제 고양이입니다. 레오가 있어서 저는 항상 웃을 수 있습니다.
남1: 네. 요즘 고양이하고 함께 사는 분들이 많습니다. 자, 이제 엥흐 씨하고 이야기할까요? 엥흐 씨, 안녕하세요?
남2: 제 가족들도 모두 고향에 있고 저만 한국에 있어요. 저는 지금 룸메이트하고 같이 살고 있습니다. 우리는 서울에 와서 처음 만났어요. 처음에는 말도 잘 안 했지만 지금은 진짜 친해요. 룸메이트하고 이야기도 많이 하고 같이 구경도 하러 다녀요. 제 룸메이트는 저한테 가족이에요.
남1: 네. 이야기 감사합니다. 저희가 두 분의 한국 생활 이야기 비디오를 준비했습니다. 영상을 같이 보고 이야기할까요?

16. 여행 Travel

❶
남: 아야나 씨, 지금 뭐 해요?
여: 호텔을 알아보고 있어요. 부모님이 한국에 오셔서 같이 제주도에 가려고 해요.
남: 아, 저도 지난 방학에 가족들하고 제주도 여행을 했어요.
여: 그래요? 무슨 호텔에 갔어요?
남: 저는 한라호텔에 갔어요. 공항에서 가깝고 방도 커서 좋았어요.
여: 그래요? 사진이 있어요? 좀 보여 주세요.
남: 잠깐만요. 아, 여기 있네요. 방에서 보이는 바다가 정말 예뻤어요.
여: 와, 정말 좋네요. 고마워요.

❷
여: 저는 언니하고 같이 여행을 갈 거예요. 우리는 시내 구경도 하고 백화점에서 쇼핑도 하려고 해요. 사람이 많은 곳을 좋아해서 시내 구경이 재미있어요. 길에서 맛있는 음식을 사서 먹을 거예요. 빨리 가서 예쁜 사진을 많이 찍고 싶어요.
남: 제 고향에는 바다가 없어요. 그래서 이번 휴가에는 부산으로 여행을 가고 싶어요. 맛있는 생선회를 먹고 바다를 구경하고 싶어요. 저는 사람이 많은 곳을 안 좋아해요. 그래서 늦게 일어나서 방에서 혼자 푹 쉬려고 해요. 빨리 가고 싶어요.

Answer Key 모범 답안

9. 병원 Hospital

듣기 1 1) ③ 2) ② 3) ① 4) ④
듣기 2 1 ①
        2 ③

읽기 1 1) × 2) ○
읽기 2 1 ②, ③
        2 ③

10. 한국 생활 Korean Life

듣기 1 1) 일본 2) 학생 3) 잘 못합니다
듣기 2 1)  — ① "아르바이트 계획을 인터뷰 했습니다."
        2) — ② "저는 영화관에서 일하고 싶습니다."
        3)  — ③ "저는 카페에서 아르바이트하고 싶습니다."

읽기 1 1) ○ 2) ×
읽기 2 1 ②
        2
        한국어 공부: 1) **월요일**부터 **금요일**까지 한국어를 배웁니다.
        지난주 주말: 2) **삼계탕**을 먹었습니다.
                    3) **한강공원**에서 **자전거**를 탔습니다.
        계획: 한국 친구를 4) **더 많이 사귈 겁니다.**
              한국어 공부를 5) **열심히 할 겁니다.**

11. 교통 Transportation

듣기 1 ②
듣기 2 1) ○ 2) ×

읽기 1 1) × 2) ○
읽기 2 1
        섬진강 기차마을에 어떻게 가요? — 1) **KTX**를 타고 가요. 서울역에서 기차마을까지 2) **세** 시간쯤 걸려요.
        다니엘 씨는 기차마을에서 뭘 하려고 해요? — 3) **기차**를 구경하고
        4) **옛날 기차**를 탈 거예요.
        5) **사진도 많이 찍을 거예요.**
        2 ②

12. 전화 Telephone

듣기 1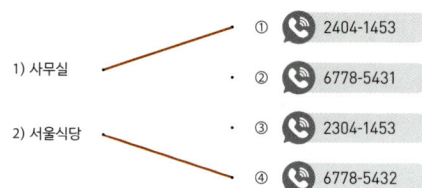
1) 사무실 — ④ 6778-5432
2) 서울식당 — ③ 2304-1453

듣기 2 ③

읽기 1 1) ○ 2) ×
읽기 2 ①

13. 옷과 외모 Clothes & Appearances

듣기 1 1) ○ 2) ×
듣기 2 1

테오, 안나, 에릭, 마리

2 ①

읽기 1 1) × 2) ○
읽기 2 ③

14. 초대와 약속 Invitation & Plans

듣기 1 1) ○ 2) ×
듣기 2 ③

읽기 1 1) × 2) ×
읽기 2 1

(1)   (4)   (3)   (2)

2 ③

15. 가족 Family

듣기 1 ③
듣기 2 1 1) × 2) ○
        2 ②

읽기 1   ③

읽기 2   **1** ①

2 아버지는 **기자셨어요**.
어머니는 **수학 선생님이셨어요**.

16. 여행 Travel

듣기 1   ③, ④, ⑤

듣기 2

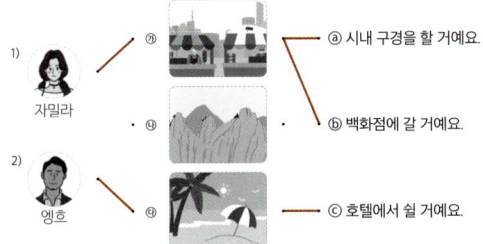

읽기 1   ①

읽기 2   ①

Glossary 어휘 색인

ㄱ

가깝다	to be near	60
가슴	chest	23
가족	family	118
갈아타다	to transfer	55
감기에 걸리다	to catch a cold	28
갑자기	suddenly	88
강릉	Gangneung	121
강원도	Gangwon-do	142
같다	to be the same	31
건강에 나쁘다	to be bad for health	29
건강에 좋다	to be good for health	29
건강하다	to be healthy	72
건너편	other side	60
건물	building	60
걷다	to walk	125
걸리다	to take	60
걸어가다	to walk	58
걸어서	on foot	62
걸어오다	to walk over	58
게임을 하다	to play a game	45
결혼	wedding	107
결혼식	wedding ceremony	107
경주	Gyeongju	56
경치	view	142
계시다	to be	124
계획	plan	38
고맙다	to be thankful	32
고속버스	express bus	143
고속터미널	Express Bus Terminal	56
고양이	cat	123
곳	place	94
공	zero	71
공항	airport	55
괜찮다	to be fine	72
구두	dress shoes	92
귀	ear	23
그냥	just because	79
그림을 그리다	to paint a painting	44
그저께	the day before yesterday	77
그쪽	that way	61
근처	nearby	108
기다리다	to wait	60
기분이 좋다	to feel good	76
기쁘다	to be glad	102
기차	train	54
기침을 하다	to cough	28
기타를 치다	to play the guitar	44
길다	to be long	86
길이 막히다	to be stuck in traffic	77
꼭	be sure to	31
꽃	flower	120
끄다	to turn off	22

ㄴ

나	I (informal)	118
나쁘다	to be bad	22
나오다	to come out	137
나이	age	125
나중	later	73
남대문시장	Namdaemun Market	88
남동생	younger brother	121
남산	Namsan Mountain	94
남편	husband	119
낮다	to be low	86
내년	next year	44
내리다	to get off	55
노래하다	to sing	111
높다	to be high	86
누나	older sister (male)	118
눈	eye	23
뉴스	news	49
늦다	to be late	103
늦잠을 자다	to sleep in	77

ㄷ

| 다 | all | 72 |
| 다리 | leg | 23 |

다음 날	next day	144
다음 달	next month	45
다치다	to be injured	31
단풍	fall foliage	47
닭갈비	dakgalbi	64
담배를 피우다	to smoke	29
대답	answer	70
대전	Daejeon	56
대학원	grad(uate) school	40
댁	house	124
더	more	31
도와드리다	to help	136
도와주다	to help	31
도착하다	to arrive	134
돈을 바꾸다	to exchange money	134
돈을 찾다	to withdraw money	134
돌아가다	to go back	135
돌아오다	to come back	135
동생	younger sibling	119
되다	to become	123
두껍다	to be thick	93
드시다	to drink/to eat	124
듣다	to hear	125
들어가다	to go in	109
들어오다	to come in	109
따라 하다	to repeat	80
딸	daughter	119
또	again	80

ㅁ

마시다	to drink	124
마트	supermarket	111
만들다	to make	43
머리	hair	89
머리	head	23
먹다	to eat	124
멀다	to be far	60
멋있다	to be cool	86
메시지를 받다	to receive a text	71

메시지를 보내다	to send a text	70
메일을 받다	to receive an email	38
메일을 보내다	to send an email	38
명	person	125
모레	the day after tomorrow	77
모르다	to not know	81
목	neck	23
목이 아프다	to have a sore throat	28
몰라요	I don`t know	79
몸	body	23
못하다	to be bad at	38
무릎	knee	23
물어보다	to ask	81
미안하다	to be sorry	24

ㅂ

바꾸다	to change	104
바쁘다	to be busy	22
바지	pants	92
박물관	museum	60
발	foot	23
발음	pronunciation	79
배	boat	54
배	stomach	23
배고프다	to be hungry	22
버스	bus	54
버스 정류장	bus stop	55
번	time(s)	111
벗다	to take off	87
보내다	to spend	127
보여 주다	to show	89
보이다	to be seen	135
복잡하다	to be crowded	141
부모님	parents	118
부탁이 있다	to ask a favor	77
분	person	125
불국사	Bulguksa Temple	137
불편하다	to be uncomfortable	93
비행기	plane	54

빌리다	to rent	135

ㅅ

사계절	four seasons	94
사무실	office	71
살다	to live	58
삼계탕	ginseng chicken soup	47
생각(을) 하다	to think	126
생선회	raw fish	143
생신	birthday	124
생일	birthday	124
서울역	Seoul Station	57
선물을 받다	to receive a gift	102
선물을 주다	to give a gift	102
설악산	Seoraksan Mountain	137
섬진강 기차마을	Seomjingang Train Village	63
성함	name	124
세일하다	to be on sale	88
손	hand	23
손을 씻다	to wash one's hands	29
수건	towel	136
수학	mathematics	127
숫자	number	79
스키를 타다	to ski	45
시간	hour(s)	40
시내	city (downtown)	138
시작하다	to start	110
시청	City Hall	56
시험을 보다	to take a test	76
식사	meal	49
식사하다	to eat	103
신다	to slip on/wear	87
신촌	Sinchon	78
실례지만 누구세요?	Sorry, who's this?	70
싸우다	to fight	127
쓰다	to wear/put on	87
쓰다	to write	22

ㅇ

아까	a minute (moment) ago	24
아내	wife	119
아들	son	119
아름답다	to be beautiful	47, 140
아버지	father	118
아직	still	26
아프다	to be hurt/sick	22
안내	guide	141
알겠습니다	okay	136
알아보다	to look into	56
앞으로	from now on	47
약	medicine	31
얇다	to be thin	93
양복	suit	94
양복을 입다	to wear a suit	103
어떻게	how	57
어떻다	how is	48
어제저녁	yesterday evening	24
어깨	shoulder	23
어머니	mother	118
언니	older sister (female)	119
언어교육원	Language Education Institute	40
얼굴	face	23
여권	passport	134
여보세요?	Hello?	70
여의도	Yeouido	56
연세	age	125
연습	practice	40
연습하다	to practice	45
열심히	diligently	39
열이 나다	to have a fever	28
영상	video	123
영상 통화	video call	70
예매하다	to book	56
예쁘다	to be pretty	22
옛날	long ago	63
오랜만이에요	Long time no see/talk	72
오른쪽	right	61

오빠	older brother (female)	119
오전	am	39
오후	pm	39
올라가다	to go up	142
올레길	Olle Trail	137
올해	this year	44
옷 가게	clothing store	88
왜	why	25
왼쪽	left	61
우산	umbrella	136
운동화	sneakers	92
울다	to cry	109
웃다	to laugh	109
원피스	dress	92
유명하다	to be famous	140
음악	music	127
이렇게	like this	47
이름	name	124
이름표	name tag	31
이모티콘	emoticon	75
이번	this	57
이번 달	this month	45
이분	this person (formal)	120
이사하다	to move	107
이쪽	this way	61
입	mouth	23
입다	to put on/wear	87
있다	to be	124

ㅈ		
자다	to sleep	124
자전거를 타다	to ride a bike	44
작가	writer	48
작년	last year	44
잘	well	39
잘못	wrong	78
잘 지내다	to be fine	72
잘하다	to be good at	38
잠깐만	hang on	138

장소	place	78
저쪽	that way (over there)	56, 61
적다	to be few	141
전	before	79
전시회	exhibition	60
전통	tradition	31
전화를 받다	to answer the phone	71
전화번호	phone number	71
점수가 좋다	to score well	76
제일	most	39
조용하다	to be quiet	140
죄송하다	to be sorry	77
주다	to give	30
주무시다	to sleep	124
준비하다	to prepare	76
중	among	122
지난달	last month	45
지난여름	last summer	128
지내다	to spend (time)	108
지하철	subway	54
지하철역	subway station	55
집	house	124
짧다	to be short (length)	86

ㅊ		
찾아보다	to look up	71
처음	first	31
초대하다	to invite	102
축제	festival	49
축하하다	to congratulate	102
춘천	Chuncheon	64
출발하다	to depart	134
춤추다	to dance	108
치마	skirt	92
친구를 사귀다	to make a friend	45
친구하고 놀다	to hang out with a friend	76
친하다	to be close	108

ㅋ

카드 키	card key	136
케이블카	cable car	143
코	nose	23
코트	coat	92
콧물이 나오다	to have a runny nose	28
키가 작다	to be short (height)	86
키가 크다	to be tall	86

ㅌ

타다	to get on	55
택시	taxi	54
터미널	terminal	55
통화	call	73
퇴근	get off work	78
특별하다	to be special	141
특히	especially	122
티셔츠	t-shirt	92
팀	team	105

ㅍ

파티	party	89
파티하다	to party	103
팔	arm	23
팔다	to sell	94
편하다	to be comfortable	93
표	ticket	56
푹 쉬다	to rest up	29
프로그램	program	94
피아노를 치다	to play the piano	44

ㅎ

하루	day	40
한가하다	to be tranquil	140
한 달	one month	111
한라산	Hallasan Mountain	142
한번	try something out	142
한복	hanbok	92
할머니	grandmother	79, 118
할아버지	grandfather	118
함께	together	108
해운대	Haeundae	137
허리	lower back	23
형	older brother (male)	118
호	room number	136
호선	line number	58
호텔	hotel	135
혼자	alone	108
화가	painter	47
회사에 다니다	to work at a company	38
휴가	vacation	127

집필진 Authors

장소원 Chang Sowon	서울대학교 국어국문학과 교수 Seoul National University Professor at the Department of Korean Language & Literature
	파리 5대학교 언어학 박사 Ph.D. in Linguistics, University of Paris 5
김수영 Kim Sooyoung	서울대학교 언어교육원 대우교수 Seoul National University LEI Professor
	한국외국어대학교 프랑스어학 박사 Ph.D. in French Linguistics, Hankuk University of Foreign Studies
김미숙 Kim Misook	서울대학교 언어교육원 대우전임강사 Seoul National University LEI Full-time Instructor
	이화여자대학교 한국학 박사(한국어교육) Ph.D. in Korean Studies (Teaching Korean as a Foreign Language), Ewha Womans University
백승주 Baek Seungjoo	서울대학교 언어교육원 대우전임강사 Seoul National University LEI Full-time Instructor
	이화여자대학교 한국학 박사(한국어교육) Ph.D. in Korean Studies (Teaching Korean as a Foreign Language), Ewha Womans University

번역 Translator

이수잔소명 Lee Susan Somyung	통번역가 Translator & Interpreter
	서울대학교 한국어교육학 석사 M.A. in Korean Language Education as a Foreign Language, Seoul National University

번역 감수 Translation Supervisor

손성옥 Sohn Sung-Ock	UCLA 아시아언어문화학과 교수 UCLA Professor at the Department of Asian Languages & Cultures

감수 Supervisor

김은애 Kim Eun Ae	전 서울대학교 언어교육원 대우교수 Former Seoul National University LEI Professor

자문 Consultants

한재영 Han Jae Young	한신대학교 명예교수 Hanshin University Honorary Professor
최은규 Choi Eunkyu	전 서울대학교 언어교육원 대우교수 Former Seoul National University LEI Professor

도와주신 분들 Contributing Staff

디자인 Design	(주)이츠북스 ITSBOOKS
삽화 Illustration	(주)예성크리에이티브 YESUNG Creative
녹음 Recording	미디어리더 Media Leader

서울대 한국어+
Student's Book 1B

초판 1쇄 발행 2022년 9월 22일
초판 5쇄 발행 2025년 9월 8일

지은이	서울대학교 언어교육원
펴낸곳	서울대학교출판문화원
주소	08826 서울 관악구 관악로 1
도서주문	02-889-4424, 02-880-7995
홈페이지	www.snupress.com
페이스북	@snupress1947
인스타그램	@snupress
이메일	snubook@snu.ac.kr
출판등록	제15-3호

ISBN 978-89-521-3118-8 04710
　　　978-89-521-3116-4 (세트)

ⓒ 서울대학교 산학협력단 · 2022

이 책과 음원은 저작권법에 의해서 보호를 받는 저작물이므로
무단 전재와 복제를 금합니다.

Written by Language Education Institute, Seoul National University
Published by Seoul National University Press

Copyright ⓒ Seoul National University R&DB Foundation 2022

All rights reserved. No part of this publication may be reproduced in any form without the written permission from publisher.

서울대 한국어+ 문법과 표현 1B

Student's Book

서울대학교출판문화원

1B

단원	과	문법과 표현
9 병원	9-1. 집에서 쉬고 싶어요	① '―' 탈락 ② 동-고 싶다
	9-2. 약을 먹고 푹 쉬세요	③ 동-(으)세요 ④ 동-지 마세요
10 한국 생활	10-1. 저는 한국 문화를 좋아합니다	① 명입니다, 명입니까? ② 동형-ㅂ/습니다, 동형-ㅂ/습니까?
	10-2. 저는 작년 가을에 한국에 왔습니다	③ 동형-았습니다/었습니다, 동형-았습니까/었습니까? ④ 동-(으)ㄹ 겁니다, 동-(으)ㄹ 겁니까?
11 교통	11-1. 방학에 부산에 가려고 해요	① 명(으)로 ② 동-(으)려고 하다
	11-2. 서울역에서 여기까지 10분쯤 걸립니다	③ 명에서 명까지 ④ 동-아야/어야 되다
12 전화	12-1. 요즘 잘 지내지요?	① 동형-지요? ② 동형-지만
	12-2. 약속이 있어서 못 갔어요	③ 동형-아서/어서 ④ 명(이)라서

단원	과	문법과 표현
13 옷과 외모	13-1. 싸고 예쁜 옷이 많아요	① 동형-네요 ② 형-(으)ㄴ 명
	13-2. 긴 바지를 자주 입어요	③ 'ㄹ' 탈락 ④ 동-는 명
14 초대와 약속	14-1. 우리 집에 축구 보러 오세요	① 동-(으)러 가다/오다 ② 동-(으)ㄹ 수 있다/없다
	14-2. 주스를 마시면서 기다리고 있어요	③ 동-고 있다 ④ 동-(으)면서
15 가족	15-1. 아버지는 산에 자주 가세요	① 동형-(으)세요, 명(이)세요 ② 명한테/께
	15-2. 부모님이 한국에 오실 거예요	③ 동형-(으)셨어요, 동-(으)실 거예요 ④ 'ㄷ' 불규칙
16 여행	16-1. 여기에서 사진을 좀 찍어 주세요	① 동-아/어 주세요 ② 동-아서/어서
	16-2. 시간이 있으면 여기에 꼭 가 보세요	③ 동형-(으)면 ④ 동-아/어 보세요

9단원

❶ '—' 탈락

▶ '아프다, 바쁘다, 예쁘다, 쓰다'와 같이 모음 '—'로 끝나는 형용사와 동사는 '-아요/어요', '-았어요/었어요'와 같이 '-아/어-'로 시작하는 말과 결합할 때 '—'가 탈락됩니다.

When adjectives and verbs end with the vowel '—' such as '아프다, 바쁘다, 예쁘다, 쓰다,' '—' is dropped before words starting with '-아/어-' such as '-아요/어요' and '-았어요/었어요.'

	-고	-아요/어요	-았어요/었어요
바쁘다	바쁘고	바빠요	바빴어요
예쁘다	예쁘고	예뻐요	예뻤어요
쓰다	쓰고	써요	썼어요

예 머리가 너무 **아파요**.
　　가방이 **예뻐요**.

　　가: **배고파요**. 밥을 먹을까요?
　　나: 네. 좋아요.

　　가: 어제 뭐 했어요?
　　나: 편지를 **썼어요**.

❷ 동-고 싶다

머리가 많이 아파요?

네. 집에서 좀 쉬고 싶어요.

▶ **동사 어간 뒤에 붙어 어떤 행동을 하기 원함을 나타냅니다.**
Attached to a verb stem, '-고 싶다' indicates wanting to do a certain action.

| 받침 ○ + -고 싶다 | 읽다 | 읽고 싶다 |
| 받침 × + -고 싶다 | 사다 | 사고 싶다 |

예 영화를 **보고 싶어요**.
친구들하고 사진을 **찍고 싶어요**.

가: 뭘 **마시고 싶어요**?
나: 주스를 **마시고 싶어요**.

▶ **과거의 희망을 나타낼 때는 '-고 싶었어요'로 말합니다.**
When expressing something you wanted to do in the past, say '-고 싶었어요.'

예 지난주에 캠핑을 **하고 싶었어요**.

TIPS

다른 사람의 희망을 말할 때는 '-고 싶어 하다'로 말합니다.
When you want to express something that someone else wants to do, you say '-고 싶어 하다.'

예 나나 씨는 명동에서 구경하고 싶어 해요.
에릭 씨는 주말에 등산하고 싶어 해요.
다니엘 씨는 비빔밥을 먹고 싶어 했어요.

❸ 동-(으)세요

▶ 동사 어간 뒤에 붙여 다른 사람에게 무엇을 요청하거나 제안할 때 사용합니다.
Attached to a verb stem, '-(으)세요' is used to suggest or make a request to someone.

| 받침 ○ + -으세요 | 씻다 | **씻으세요** |
| 받침 × + -세요 | 오다 | **오세요** |

예 숙제를 내일까지 **하세요**.
　　여기 **앉으세요**.

　　가: 머리가 많이 아파요.
　　나: 그럼 집에서 **쉬세요**.

▶ '먹다, 마시다'는 '먹으세요, 마시세요'보다 '드세요'로 말하는 것이 좋습니다.
For '먹다, 마시다,' it's preferable to say '드세요' instead of '먹으세요, 마시세요.'

예 이 약을 먹으세요. (△)
　　이 약을 드세요. (○)

❹ 동-지 마세요

선생님, 목이 많이 아파요. 콧물도 나오고 열도 나요.

감기예요. 이 약을 드시고 푹 쉬세요. 아이스크림을 먹지 마세요.

▶ 동사 어간에 결합하여 어떤 행동을 금지할 때 사용합니다.
Combined with a verb stem, '-지 마세요' is used to forbid a certain action.

받침 ○ + -지 마세요	먹다	**먹지 마세요**
받침 × + -지 마세요	가다	**가지 마세요**

예 책상 위에 **앉지 마세요**.
여기에서 담배를 **피우지 마세요**.

가: 이 영화 재미있어요?
나: 아니요. 재미없어요. **보지 마세요**.

10단원

❶ 명입니다, 명입니까?

어느 나라 사람입니까?

한국 사람입니다.

▶ 발표, 뉴스, 인터뷰와 같이 격식적인 상황에서 명사 뒤에 붙여 사용합니다.
Attached to a noun, '입니다,' '입니까?' are used in formal settings such as presentations, news, or interviews.

> 예 저는 **학생입니다**.
>
> 제 고향은 **도쿄입니다**.
>
> 가: 직업이 **무엇입니까**?
> 나: 저는 **신문 기자입니다**.

▶ 질문할 때에는 '입니까?', 대답할 때에는 '입니다'라고 합니다.
When asking a question, use the expression '입니까?,' and answering the question, use '입니다.'

TIPS

부정형은 '이/가 아닙니다'라고 합니다.
If replying as a negative sentence, say '이/가 아닙니다.'

> 예 나나 씨는 한국 사람이 아닙니다.
> 저는 가수가 아닙니다.

❷ 동형-ㅂ/습니다, 동형-ㅂ/습니까?

▶ 발표, 뉴스, 인터뷰와 같이 격식적인 상황에서 동사, 형용사 어간에 결합하여 사용합니다.
Combined with a verb/adjective stem, '-ㅂ/습니다,' '-ㅂ/습니까?' are used in formal settings such as presentations, news, or interviews.

| 받침 ○ + -습니다 | 먹다 | 먹습니다 |
| 받침 × + -ㅂ니다 | 가다 | 갑니다 |

| 받침 ○ + -습니까? | 먹다 | 먹습니까? |
| 받침 × + -ㅂ니까? | 가다 | 갑니까? |

예 저는 서울대학교에서 한국어를 **배웁니다**.
무슨 음식이 건강에 **좋습니까**?

가: 오늘 고향에도 눈이 **옵니까**?
나: 아니요. 눈이 안 **옵니다**. 날씨가 따뜻하고 **맑습니다**.

❸ 동형-았습니다/었습니다, 동형-았습니까/었습니까?

▶ 격식적인 상황에서 동사, 형용사 어간과 결합하여 과거에 대하여 말할 때 사용합니다.
Combined with a verb/adjective stem, '-았습니다/었습니다,' '-았습니까/었습니까?' are used to talk about the past in a formal setting.

ㅏ, ㅗ	➡ -았습니다	알다	알았습니다	알았습니까?
		좋다	좋았습니다	좋았습니까?
그 외 모음	➡ -었습니다	먹다	먹었습니다	먹었습니까?
		맛있다	맛있었습니다	맛있었습니까?
하다	➡ 했습니다	공부하다	공부했습니다	공부했습니까?
		따뜻하다	따뜻했습니다	따뜻했습니까?

예 어제 숙제하고 텔레비전을 **봤습니다**.
점심에 어디에서 삼계탕을 **먹었습니까**?

가: 어제도 공원에서 **운동했습니까**?
나: 아니요. 어제는 집에서 **쉬었습니다**.

▶ 명사의 과거는 받침이 있는 경우 '이었습니다', 받침이 없는 경우 '였습니다'를 사용합니다.
Use '이었습니다' if there is a final consonant for the noun's past, and '였습니다' if there is no final consonant.

예 저는 지금 학생입니다. 작년에는 **회사원이었습니다**.
이 사람은 **가수였습니다**. 지금은 요리사입니다.

❹ 동-(으)ㄹ 겁니다, 동-(으)ㄹ 겁니까?

▶ 격식적인 상황에서 동사 어간과 결합하여 미래에 대하여 말할 때 사용합니다.
Combined with a verb stem, '-(으)ㄹ 겁니다,' '-(으)ㄹ 겁니까?' are used to talk about the future in a formal setting.

받침 ○ + -을 겁니다	먹다	먹을 겁니다
받침 × + -ㄹ 겁니다	가다	갈 겁니다
받침 ○ + -을 겁니까?	먹다	먹을 겁니까?
받침 × + -ㄹ 겁니까?	가다	갈 겁니까?

예 내년부터 한국 회사에 **다닐 겁니다**.
언제 메일을 **보낼 겁니까**?

가: 내년에도 한국에서 **공부할 겁니까**?
나: 네. 계속 한국에 **있을 겁니다**.

▶ '-(으)ㄹ 겁니다'의 '겁니다'는 [껌니다]로 발음합니다.
'겁니다' of '-(으)ㄹ 겁니다' is pronounced as [껌니다].

예 가: 다음 주에 뭐 할 **겁니까**?
　　　　　　　　[껌니까]
나: 자전거를 탈 **겁니다**.
　　　　　　[껌니다]

11단원

❶ 명(으)로

주말에 뭐 할 거예요?

제주도로 여행 갈 거예요.

▶ 명사 뒤에 붙어 방향과 경로를 나타냅니다.
Attached to a noun, '(으)로' indicates the direction and path.

| 받침 ○ + 으로 | 도서관 | **도서관으로** |
| 받침 × + 로 | 학교 | **학교로** |

예 **여기로** 오세요.

　 이 버스는 **강남역으로** 안 가요.

　 가: 닛쿤 씨, 어디에서 밥을 먹을까요?
　 나: 저 **식당으로** 가요. 저 식당 음식이 맛있어요.

TIPS

'ㄹ' 받침의 명사는 '로'를 붙입니다.
Nouns with a final consonant 'ㄹ' only uses '로.'

예 독일으로 여행을 가요. (×) ➡ 독일로 여행을 가요. (○)

❷ 동-(으)려고 하다

▶ 동사 어간 뒤에 붙어서 어떤 행동을 할 의도가 있음을 나타냅니다.
Attached to a verb stem, '-(으)려고 하다' indicates the intention to do something.

받침 ○ + -으려고 하다	먹다	**먹으려고 하다**
받침 × + -려고 하다	가다	**가려고 하다**

예 주말에 집에서 책을 **읽으려고 해요**.
내일부터 아침에 일찍 **일어나려고 해요**.

가: 수업이 끝나고 뭐 할 거예요?
나: 자전거를 **타려고 해요**.

▶ 과거에 의도한 일을 말할 때는 '-(으)려고 했어요'라고 합니다.
When expressing an event intended in the past, say '-(으)려고 했어요.'

예 어제 공부를 많이 **하려고 했어요**. 하지만 못 했어요.
아침에 밥을 **먹으려고 했어요**. 하지만 못 먹었어요.

❸ 명에서 명까지

▶ '에서'는 장소를 나타내는 명사 뒤에 붙어 출발점을 나타내고, '까지'는 도착점 또는 어떤 범위의 끝을 나타냅니다.
Attached to a location noun, '에서' indicates the starting point, and '까지' indicates the destination or the end of a certain range.

예 **집에서 학교까지** 멀어요.

고향에서 한국까지 두 시간쯤 걸려요.

가: **여기에서 박물관까지** 얼마나 걸려요?
나: 가까워요. 20분쯤 걸려요.

❹ 동-아야/어야 되다

▶ 동사 어간에 결합하여 어떤 일이나 상황에 대한 의무와 필요성을 나타냅니다.
Combined with a verb stem, '-아야/어야 되다' indicates an obligation or necessity for something or a situation.

ㅏ, ㅗ	➡ -아야 되다	오다	**와야 되다**
그 외 모음	➡ -어야 되다	쉬다	**쉬어야 되다**
하다	➡ 해야 되다	요리하다	**요리해야 되다**

예 숙제를 공책에 **써야 돼요**.
내일 시험이 있어요. 오늘 **공부해야 돼요**.

가: 메일 보냈어요? 오늘 꼭 **보내야 돼요**.
나: 네. 지금 보내려고 해요.

▶ 격식적인 상황이나 글쓰기에서는 '-아야/어야 하다'를 자주 사용합니다.
'-아야/어야 하다' is often used in a formal setting or written language.

예 매일 운동을 **해야 합니다**.
극장에서는 휴대폰을 **꺼야 합니다**.

12단원

❶ 동 형 -지요?

테오 씨, 다니엘 씨의 전화번호를 알지요?

네. 알아요. 010-0880-5488이에요.

▶ 동사, 형용사 어간 뒤에 붙어서 알고 있는 사실을 확인하면서 물을 때 사용합니다.
Attached to a verb/adjective stem, '-지요?' is used to confirm a fact you already know.

| 받침 ○ + -지요? | 좋다 | 좋지요? |
| 받침 × + -지요? | 가다 | 가지요? |

예 가: 오늘 하이 씨를 **만나지요**?
　　 나: 네. 만나요.

　　 가: 오늘 날씨가 **춥지요**?
　　 나: 네. 추워요.

▶ 과거의 상황을 나타낼 때에는 '-았지요/었지요?'를 사용합니다.
When asking about a past event, use '-았지요/었지요?'

예 가: 메시지를 **받았지요**?
　　 나: 아니요. 못 받았어요.

　　 가: 시험이 **어려웠지요**?
　　 나: 네. 어려웠어요.

▶ 미래의 상황을 나타낼 때에는 '-(으)ㄹ 거지요?'를 사용합니다.
When asking a future event, use '-(으)ㄹ 거지요?'

예 가: 내일도 학교에 **올 거지요**?
나: 네. 올 거예요.

▶ 명사의 경우 '(이)지요?'를 사용합니다.
For nouns, use '(이)지요?'

예 가: 다니엘 씨는 **선생님이지요**?
나: 아니요. 선생님이 아니에요.

▶ 듣는 사람이 그 대답을 안다고 생각할 때에는 의문사와 함께 '(이)지요?'를 사용하기도 합니다.
If you think the listener knows the answer, you can also ask by using a question (interrogative) word along with '(이)지요?'

예 가: 오늘이 **며칠이지요**?
나: 9월 23일이에요.

가: 시험이 **언제지요**?
나: 다음 주 수요일이에요.

TIPS

'-지요?'에 대한 대답에서는 '-지요'를 사용하지 않습니다.
For '-지요?' questions, the reply does not end with '-지요.'

예 가: 오늘도 숙제가 많지요?
　　나: 네. 많지요. (×) ➡ 네. 많아요. (○)

❷ 동 형 -지만

어제 가족하고 영상 통화를 했어요?

아니요.
전화를 세 번 했지만 모두 안 받았어요.

▶ 동사, 형용사 어간에 결합하여 앞의 내용과 뒤의 내용이 반대, 대조되는 것을 나타냅니다.
Attached to a verb/adjective stem, '-지만' is used to connect two contrasting or opposite ideas.

| 받침 ○ + -지만 | 좋다 | **좋지만** |
| 받침 × + -지만 | 가다 | **가지만** |

예 이 영화가 **재미있지만** 무서워요.
저 식당의 음식이 **맛있지만** 비싸요.

가: 이번 방학에 부산에 갈 거예요?
나: 아니요. 부산에 **가고 싶지만** 시간이 없어요. 그래서 못 가요.

▶ 과거의 상황을 나타낼 때는 '-았지만/었지만'의 형태로 사용합니다.
When referring to a past situation, use the form '-았지만/었지만.'

예 밥을 많이 **먹었지만** 배고파요.
어제 친구 집에 **갔지만** 친구가 없었어요.

가: 감기는 괜찮아요?
나: 아니요. 약을 **먹었지만** 많이 아파요.

▶ 명사의 경우 '(이)지만'을 사용합니다.
For nouns, use '(이)지만.'

> 예 저는 한국 **사람이지만** 한국에 안 살아요.
> 그 사람은 **가수지만** 노래를 잘 못해요.

▶ 두 가지의 사실을 대조할 때에는 '은/는'을 사용합니다.
When comparing two facts, use '은/는.'

> 예 소고기는 비싸지만 돼지고기는 싸요.

TIPS

부탁을 하거나 양해를 구할 때는 '실례지만', '죄송하지만'을 사용합니다.
When making a request or asking for favors, use '실례지만' or '죄송하지만.'

> 예 실례지만 누구세요?
> 죄송하지만 오늘 학교에 못 가요.

❸ 동형-아서/어서

자밀라 씨, 부탁이 있어서 전화했어요.

네. 무슨 일이에요?

▶ 동사, 형용사 어간 뒤에 붙어서 앞의 말이 뒤의 말의 이유나 근거임을 나타냅니다.
Attached to a verb/adjective stem, the words that come before '-아서/어서' indicate the reason or basis of the words that come after it.

ㅏ, ㅗ	➡	-아서	오다	**와서**
그 외 모음	➡	-어서	없다	**없어서**
하다	➡	해서	따뜻하다	**따뜻해서**

예 시험을 잘 **봐서** 기분이 좋아요.　　　　가: 왜 전화를 안 받았어요?
　　냉면을 **좋아해서** 두 그릇 먹었어요.　　나: **바빠서** 못 받았어요. 미안해요.

▶ 과거 시제와 함께 사용하지 않습니다.
'-아서/어서' is not used with the past tense.

예 가: 어제 왜 산에 안 갔어요?
　　나: 비가 왔어서 안 갔어요. (×) ➡ 비가 와서 안 갔어요. (○)

TIPS
'-아서/어서'는 '-(으)세요', '-지 마세요', '-(으)ㄹ까요?'와 같은 명령형, 청유형의 문장에서는 사용하지 않습니다.
'-아서/어서' is not used in imperative or interrogative sentences such as '-(으)세요,' '-지 마세요,' '-(으)ㄹ까요?'
예 이 영화가 재미있어서 한번 보세요. (×) ➡ 이 영화가 재미있어요. 한번 보세요. (○)
　　날씨가 좋아서 같이 산책할까요? (×) ➡ 날씨가 좋아요. 같이 산책할까요? (○)

❹ 명(이)라서

▶ 명사에 결합하여 앞의 말이 뒤의 말의 이유나 근거임을 나타냅니다.
Combined with a noun, the words that come before '(이)라서' indicate the reason or basis of the words that come after it.

| 받침 ○ + 이라서 | 주말 | **주말이라서** |
| 받침 × + 라서 | 가수 | **가수라서** |

예 요즘 **방학이라서** 학교에 안 가요.
크리스 씨는 **요리사라서** 요리를 잘해요.

가: 내일 회사에 가요?
나: 아니요. **휴가라서** 안 갈 거예요.

TIPS

'(이)라서'는 '-(으)세요', '-지 마세요', '-(으)ㄹ까요?'와 같은 명령형, 청유형의 문장에서는 사용하지 않습니다.
'(이)라서' is not used in imperative or interrogative sentences such as '-(으)세요,' '-지 마세요,' '-(으)ㄹ까요?'
예 밤이라서 전화하지 마세요. (×) ➡ 밤이에요. 전화하지 마세요. (○)

13단원

❶ 동 형 -네요

▶ 동사, 형용사 어간에 결합하여 말하는 사람이 직접 경험해서 새롭게 알게 된 사실을 나타냅니다. 이때 감탄하거나 놀라며 말하는 느낌이 있습니다.

Combined with a verb/adjective ending, '-네요' indicates the speaker's knowledge of a new fact through a personal experience. There's a sense of wonder and surprise when using this expression.

받침 ○ + -네요	좋다	좋네요
받침 × + -네요	가다	가네요

예 오늘 날씨가 **맑네요**.
　　비가 많이 **오네요**.

　　가: 여기가 여의도 공원이에요.
　　나: 사람이 정말 **많네요**.

▶ 명사의 경우 '(이)네요'를 사용합니다.
For nouns, use '(이)네요.'

예 벌써 **9월이네요**.

▶ 이미 끝난 일에 대해 이야기할 때는 '-았네요/었네요'를 사용합니다.
When talking about something that has already happened in the past, use '-았네요/었네요.'

예 눈이 많이 **왔네요**.
　　책을 빨리 **읽었네요**.

❷ 형-(으)ㄴ 명

▶ 형용사 어간에 결합하여 뒤의 명사를 꾸며 주면서 명사의 현재 상태를 나타냅니다.
Combined with an adjective stem, '-(으)ㄴ' modifies nouns to indicate the current state of the noun.

받침 ○ + -은	좋다	**좋은**
받침 × + -ㄴ	예쁘다	**예쁜**

📙 키가 **큰 사람**은 제 동생이에요.
한국에서 제일 **높은 산**은 한라산이에요.

가: **어떤 음식**을 좋아해요?
나: 저는 **매운 음식**을 좋아해요.

TIPS

'맛있다, 맛없다, 재미있다, 재미없다'는 '맛있는, 맛없는, 재미있는, 재미없는'으로 사용합니다.
For words like '맛있다, 맛없다, 재미있다, 재미없다' use it as '맛있는, 맛없는, 재미있는, 재미없는.'

📙 **맛있는** 음식을 먹고 싶어요.
저는 **재미있는** 영화를 좋아해요.

❸ 'ㄹ' 탈락

▶ 어간이 'ㄹ' 받침으로 끝나는 일부 동사, 형용사가 'ㄴ, ㅂ, ㅅ'으로 시작하는 어미와 결합하는 경우, 'ㄹ' 받침이 탈락됩니다.
When some verbs or adjectives whose stems end with the final consonant 'ㄹ' are combined with the word endings that start with 'ㄴ, ㅂ, ㅅ,' the final consonant 'ㄹ' is dropped.

	-아요/어요	-아서/어서	-지요?	-네요	-ㅂ니다/습니다
살다	살아요	살아서	살지요?	**사네요**	**삽니다**
만들다	만들어요	만들어서	만들지요?	**만드네요**	**만듭니다**
길다	길어요	길어서	길지요?	**기네요**	**깁니다**

예 저는 형하고 같이 **삽니다**.
오늘은 토요일이라서 은행 문을 안 **엽니다**.

가: 나나 씨가 **우네요**. 무슨 일 있어요?
나: 정말요? 저도 몰라요.

▶ '-(으)ㄹ까요?', '-(으)ㄹ 거예요' 등 '-(으)ㄹ' 형태의 어미와 결합할 때도 'ㄹ' 받침이 탈락됩니다.
Even when expressions are combined with the ending form of '-(으)ㄹ' such as '-(으)ㄹ까요?' and '-(으)ㄹ 거예요,' the final consonant 'ㄹ' is dropped.

예 비빔밥을 **만들 거예요**.

④ 동-는 명

▶ 동사 어간과 결합하여 명사를 꾸며 주면서 동사의 행동이 현재 일어남을 나타냅니다.
Combined with a verb stem, '-는' indicates the action of the verb is happening in the present.

받침 ○ + -는	먹다	먹는
받침 × + -는	가다	가는

예) 제가 **좋아하는 음식**은 비빔밥이에요.
이 노래는 제가 자주 **듣는 노래**예요.

가: 엥흐 씨하고 **이야기하는 사람**은 누구예요?
나: 엥흐 씨의 고향 친구예요.

❶ 동-(으)러 가다/오다

▶ 동사 어간 뒤에 붙어서 이동의 목적을 나타냅니다.
Attached to a verb stem, '-(으)러 가다/오다' indicates the purpose of movement.

받침 ○ + -으러 가다/오다	읽다	읽으러 가다/오다
받침 × + -러 가다/오다	보다	보러 가다/오다

예 공원에 자전거를 **타러 가요**.
토요일이지만 회사에 **일하러 가야 돼요**.

가: 한국에 뭐 **하러 왔어요**?
나: 한국어를 **배우러 왔어요**.

❷ 동-(으)ㄹ 수 있다/없다

10시까지 우리 집으로 올 수 있어요?

네. 갈 수 있어요.

▶ 동사 어간과 결합하여 능력이나 가능성을 나타냅니다. 능력이나 가능성이 있을 때는 '-(으)ㄹ 수 있다'를 사용하고, 없을 때는 '-(으)ㄹ 수 없다'를 사용합니다.

Combined with a verb stem, '-(으)ㄹ 수 있다/없다' indicates ability and potential. Use '-(으)ㄹ 수 있다' if there is an ability or potential, and '-(으)ㄹ 수 없다' if there isn't one.

| 받침 ○ + -을 수 있다/없다 | 읽다 | 읽을 수 있다/없다 |
| 받침 × + -ㄹ 수 있다/없다 | 오다 | 올 수 있다/없다 |

예) 저는 한국어로 노래를 **할 수 있어요**.
　　오늘은 일이 많아서 친구를 **만날 수 없어요**.

가: 한국 음식을 **만들 수 있어요**?
나: 비빔밥은 **만들 수 있지만** 불고기는 못 만들어요.

TIPS

'-(으)ㄹ 수 없다'는 '못'으로 사용하기도 합니다.
The expressions '-(으)ㄹ 수 없다' and '못' are interchangeable.
예) 피아노를 칠 수 없어요. = 피아노를 못 쳐요.

❸ 동-고 있다

▶ 동사 어간 뒤에 붙어서 어떤 동작이 현재 진행되고 있음을 나타냅니다.
Attached to a verb stem, '-고 있다' indicates some motion is happening in the present.

| 받침 ○ + -고 있다 | 읽다 | 읽고 있다 |
| 받침 × + -고 있다 | 가다 | 가고 있다 |

예 하이 씨는 지금 **식사하고 있어요**.
전화를 **하고 있는** 사람은 나나 씨예요.

가: 왜 전화를 안 받았어요?
나: 아까 **회의하고 있어서** 못 받았어요. 미안해요.

▶ 어떤 동작이 현재를 포함하여 일정 기간 반복되는 경우에도 '-고 있다'를 사용할 수 있습니다.
If a motion is repeating itself for a certain period of time, including the present, '-고 있다' can be used.

예 요즘 저는 한국어를 **배우고 있어요**.
저는 한국 회사에서 **일하고 있어요**.

TIPS
부정을 나타낼 때는 '안'을 사용합니다.
'안' is used to negate the verb.
예 제니 씨는 지금 자고 없어요. (×) ➡ 제니 씨는 지금 안 자고 있어요. (○)

❹ 동-(으)면서

▶ 동사 어간 뒤에 붙여 두 개의 동작을 동시에 할 때 사용합니다.
Attached to a verb stem, '-(으)면서' is used to express that two actions are occurring simultaneously.

| 받침 ○ + -으면서 | 읽다 | **읽으면서** |
| 받침 × + -면서 | 가다 | **가면서** |

예 **운전하면서** 전화하지 마세요.
저는 매일 밥을 **먹으면서** 한국 드라마를 봐요.

가: 어제 뭐 했어요?
나: 친구하고 공원에서 **이야기하면서** 산책했어요.

▶ 과거 시제와 함께 사용하지 않습니다.
'-(으)면서' is not used with the past tense.

예 가: 어제 뭐 했어요?
나: 텔레비전을 봤으면서 밥을 먹었어요. (×) ➡ 텔레비전을 보면서 밥을 먹었어요. (○)

TIPS

앞, 뒤의 주어가 다른 경우에는 '-(으)면서'를 사용하지 않습니다.
If the subject for the first and second clause are different, '-(으)면서' is not used.

예 하이 씨는 책을 읽으면서 다니엘 씨는 커피를 마셔요. (×)
➡ 하이 씨는 책을 읽고 다니엘 씨는 커피를 마셔요. (○)

15단원

❶ 동 형 -(으)세요, 명 (이)세요

어머니는 무슨 일을 하세요?

피아노를 가르치세요.
피아노 선생님이세요.

▶ 사회적인 지위, 나이, 가족 관계를 고려하여 화자가 문장의 주어를 높일 때 사용합니다.
Considering the social status, age, and family relationship, the speaker uses '-(으)세요,' '(이)세요' to raise the status of the subject.

받침 ○ + -으세요	읽다	**읽으세요**
받침 × + -세요	친절하다	**친절하세요**
받침 ○ + 이세요	회사원	**회사원이세요**
받침 × + 세요	요리사	**요리사세요**

예 우리 할아버지는 **군인이세요**.
　　부모님은 요즘 춤을 **배우세요**.
　　할머니는 키가 **크세요**.

가: 선생님, 지금 어디에 **가세요**?
나: 저는 식당에 가요.

▶ '이/가 아니에요'는 '이/가 아니세요'로 사용합니다.
Use '이/가 아니세요' instead of '이/가 아니에요.'

예 우리 아버지는 **회사원이 아니세요**. 기자세요.

TIPS

문장의 주어가 '저, 나'인 경우, '-(으)세요', '(이)세요'를 사용하지 않습니다.
If the subject of the sentence is '저' or '나,' '-(으)세요' or '(이)세요' cannot be used.

예 저는 영어 선생님이세요. 저는 영어를 가르치세요.　(×)
　➡ 저는 영어 선생님이에요. 저는 영어를 가르쳐요.　(○)

❷ 몡 한테/께

왜 꽃을 샀어요?

동생한테 선물할 거예요.

▶ 사람이나 동물 뒤에 붙어서 그 사람이나 동물이 동작의 대상임을 나타냅니다. 대상을 높여야 할 때에는 '께'를 사용합니다.
Attached to a person or animal, '한테' indicates the target of their motion. When the status of the target needs to be raised, use '께.'

몡 한테	몡 께
저는 **친구한테** 메일을 쓸 거예요. 언니는 **동생한테** 메시지를 보냈어요.	저는 **선생님께** 메일을 쓸 거예요. 언니는 **할머니께** 메시지를 보냈어요.

▶ 대상이 사람이나 동물이 아닐 때에는 '에'를 사용합니다.
When you are not referring to a person or an animal, use '에.'

예) 저는 **학교에** 메일을 보내려고 해요.　　오빠는 **병원에** 전화를 했어요.

▶ 글을 쓰거나 격식적인 상황에서 말할 때에는 '에게'를 사용합니다.
'에게' is used in a formal setting or written language.

예) 오늘 **여러분에게** 우리 회사의 새 휴대폰을 소개하려고 합니다.

TIPS

동사 '주다'의 경우, 대상을 높일 때에는 '드리다'를 사용하고 주어를 높일 때는 '주시다'를 사용합니다.
In the case of the verb '주다(to give),' you use '드리다' to elevate the person whom you are giving something to, and '주시다' is to elevate the subject who gave you something.

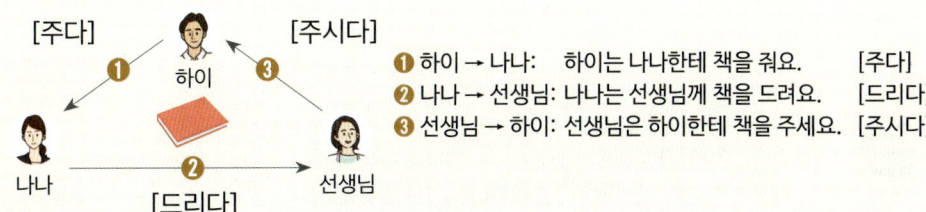

❶ 하이 → 나나:　하이는 나나한테 책을 줘요.　[주다]
❷ 나나 → 선생님: 나나는 선생님께 책을 드려요.　[드리다]
❸ 선생님 → 하이: 선생님은 하이한테 책을 주세요.　[주시다]

❸ 동형-(으)셨어요, 동-(으)실 거예요

부모님이 모두 한국에 오셨어요?

아니요. 어머니만 오셨어요. 아버지는 내년에 오실 거예요.

▶ 동사, 형용사 어간과 결합하여 화자가 문장의 주어를 높일 때 사용하며, 과거의 일이나 상황은 '-(으)셨어요', 미래의 일은 '-(으)실 거예요'를 씁니다.

Combined with a verb/adjective stem, '-(으)셨어요,' '(으)실 거예요' are used when the speaker raises the subject of the sentence. For an event that happened in the past, use '-(으)셨어요,' and for something that will happen in the future, use '-(으)실 거예요.'

| 받침 ○ + -으셨어요 | 읽다 | 읽으셨어요 |
| 받침 × + -셨어요 | 가다 | 가셨어요 |

| 받침 ○ + -으실 거예요 | 읽다 | 읽으실 거예요 |
| 받침 × + -실 거예요 | 가다 | 가실 거예요 |

예 지난 주말에 할머니가 저한테 **전화하셨어요**.
   아버지는 지난주에 **바쁘셨어요**.
   어머니는 저를 만나러 한국에 **오실 거예요**.
   할머니는 다음 달부터 요가를 **배우실 거예요**.

   가: 선생님, 어제 뭐 **하셨어요**?
   나: 저는 집에서 쉬면서 책을 읽었어요.

TIPS

'-시-'는 어떤 동작이나 상태의 주체를 높이는 뜻을 나타내는 어미입니다.
'-시-' is an ending of a word used for the subject honorifics of an action or state.
예 아버지는 책을 읽으시고 어머니는 영화를 보세요.

❹ 'ㄷ' 불규칙

▶ 어간이 'ㄷ' 받침으로 끝나는 동사 중, '걷다, 듣다'와 같은 'ㄷ' 불규칙 동사는 'ㅏ, ㅗ' 등의 모음으로 시작하는 어미와 결합할 때 받침 'ㄷ'이 'ㄹ'로 바뀝니다.
When irregular verbs such as '걷다, 듣다' that end with the final consonant 'ㄷ' in the verb stem are combined with endings that start with vowels such as 'ㅏ/ㅗ,' the final consonant 'ㄷ' is changed to 'ㄹ.'

	-고 있어요	-ㅂ니다/습니다	-아요/어요	-으세요/세요	-아서/어서
걷다	걷고 있어요	걷습니다	**걸어요**	**걸으세요**	**걸어서**
듣다	듣고 있어요	듣습니다	**들어요**	**들으세요**	**들어서**

예 비가 많이 오고 있어요. 날씨 뉴스를 잘 **들으세요**.
저는 한국 음악을 듣지만 제 동생은 안 **들어요**.

가: 날씨가 좋네요. 우리 나가서 좀 **걸을까요**?
나: 좋아요. 같이 **걸어요**.

TIPS

어간이 'ㄷ' 받침으로 끝나는 동사 중에는 '받다, 닫다'와 같이 불규칙 활용을 안 하는 동사도 있습니다.
Among the verb stems that end with the final consonant 'ㄷ' like words such as '받다' or '닫다' are regular verbs, so this rule does not apply.

예 생일 축하해요! 제 선물을 발으세요. (✕) ➡ 받으세요. (◯)

❶ 동-아/어 주세요

▶ 동사 어간과 결합하여 말하는 사람을 위해 동사의 행동을 해 달라고 말할 때 사용합니다.
Combined with a verb stem, '-아/어 주세요' is used to make a request for the sake of the speaker.

ㅏ, ㅗ	➡ -아 주세요	가다	**가 주세요**
그 외 모음	➡ -어 주세요	가르치다	**가르쳐 주세요**
하다	➡ 해 주세요	청소하다	**청소해 주세요**

📝 창문 좀 **열어 주세요**.
　　에어컨 좀 **꺼 주세요**.

　　가: 사무실 전화번호 좀 **가르쳐 주세요**.
　　나: 네. 잠깐만 **기다려 주세요**.

TIPS

'-아/어 주세요'는 동사 '주다'와는 안 씁니다.
'-아/어 주세요' is not used with the verb '주다.'
📝 볼펜 좀 줘 주세요. (×) ➡ 볼펜 좀 주세요. (○)

❷ 동-아서/어서

▶ 동사 어간 뒤에 붙어서 앞과 뒤의 일이 차례대로 일어남을 나타냅니다.
Attached to a verb stem, '-아서/어서' indicates the preceding and following actions occur in a sequential manner.

ㅏ, ㅗ	➡	-아서	가다	**가서**
그 외 모음	➡	-어서	만들다	**만들어서**
하다	➡	해서	요리하다	**요리해서**

예 주말에 백화점에 **가서** 옷을 샀어요.
친구를 **만나서** 같이 한국어를 공부할 거예요.

가: 저녁에 김밥을 **사서** 먹을까요?
나: 제가 김밥을 만들 수 있어요. 김밥을 **만들어서** 먹어요.

▶ 주로 '가다, 오다, 만나다, 만들다, 요리하다, 일어나다' 등의 동사와 함께 씁니다.
'-아서/어서' is mainly used with verbs '가다, 오다, 만나다, 만들다, 요리하다, 일어나다.'

예 저는 보통 **요리해서** 먹어요.

▶ 앞과 뒤의 주어가 같아야 하고 '-아서/어서' 앞에 과거 '-았/었-'은 쓰지 않습니다.
When using '-아서/어서,' the two clauses have to share the same subject, and '-았/었-' cannot be used.

예 아침에 일어났어서 세수했어요. (×) ➡ 아침에 일어나서 세수했어요. (○)

❸ 동 형 -(으)면

▶ 동사, 형용사 어간 뒤에 붙어서 조건이나 가정을 나타냅니다.
Attached to a verb/adjective stem, '-(으)면' indicates a condition or assumption.

받침 ○ + -으면	읽다	**읽으면**
받침 × + -면	흐리다	**흐리면**

예 날씨가 **좋으면** 공원으로 산책하러 갈 거예요.
   비가 **오면** 집에서 쉴 거예요.

   가: 시험이 **끝나면** 뭐 할 거예요?
   나: 집에서 쉴 거예요.

❹ 동-아/어 보세요

고향에서 친구들이 한국에 와요. 뭘 먹으면 좋을까요?

친구들이 매운 음식을 좋아하면 닭갈비를 한번 먹어 보세요.

▶ 동사 어간 뒤에 붙여 동사의 행동을 시도하라고 제안할 때 사용합니다.
Attached to a verb stem, '-아/어 보세요' is used to suggest trying the action of the verb.

ㅏ, ㅗ	➡	-아 보세요	가다	가 보세요
그 외 모음	➡	-어 보세요	만들다	만들어 보세요
하다	➡	해 보세요	요리하다	요리해 보세요

예 이 책 한번 **읽어 보세요**.

이 노래 **들어 보세요**. 노래가 정말 좋아요.

가: 구두가 예쁘네요.
나: 네. 한번 **신어 보세요**.

TIPS

'-아/어 보세요'는 '한번'과 함께 많이 씁니다.
'-아/어 보세요' is frequently used with '한번.'

예 이 옷 한번 입어 보세요.